BIBLIOTHÈQUE DE CRITIQUE RELIGIEUSE

La Religion de l'esprit large

PAR

JOSEPH SERRE

Deuxième édition

PARIS
LIBRAIRIE CRITIQUE
ÉMILE NOURRY
14, rue Notre-Dame-de-Lorette, 14

—

1908
Tous droits réservés

BIBLIOTHÈQUE DE CRITIQUE RELIGIEUSE
à 1 fr. 25 et 2 fr. 50

---

1. H. Loriaux. — **L'Autorité des Évangiles**, 1 fr. 25
3. A. Dupin. — **Le Dogme de la Trinité** dans les trois premiers siècles, in-12 de 88 pages . 1 fr. 25
4. D' E. Michaud. — **Les Enseignements essentiels du Christ**, in-12 de 120 pages . . . . . 1 fr. 25
5. P. Saintyves. — **Le Miracle et la Critique Scientifique**, in-12 de 100 pages . . . . . 1 fr. 25
6. J. de Bonnefoy — **Vers l'Unité de Croyance.** 1 fr. 25
7-8. *****. **Le Programme des Modernistes.** 2 fr. 50
9-10. L. Chaine. — **Menus propos d'un Catholique libéral**, in-12 de 200 pages . . . . . 2 fr. 50
11-12. J. de Bonnefoy. — **Le Catholicisme de demain** in-12 de 180 pages . . . . . . 2 fr. 50
13. — L.-G. Lévy. — **Une Religion rationnelle et laïque**, in-12 br. de 112 pages. . . . . 1 fr. 25
14. Catholici. — **Lendemains d'Encyclique.** 1 fr. 25
15-16. A.-L.-M. Nicolas. — **Seyyed Ali Mohammed dit Le Bâb**, in-12 de 458 pages. . . . . 2 fr. 50
17-18. H. Bois. — **La Valeur de l'Expérience religieuse.** in-12, br. de 200 pages. . . . . . 2 fr. 50
19. — M. Hébert. — **Le Pragmatisme.** . . . 1 fr. 25
20-21. — J. Français. — **L'Église et la Science** 2 fr. 50
22. — Paul le Breton. — **La Résurrection du Christ**, 1 beau vol. in-12 br. papier vergé. . . . . 1 fr. 25
23. — G. Tyrrell. — **Lettre à un professeur d'Antropologie** (A much abused letter). . . . . 1 fr. 25
24-25. — J. Serre. — **La Religion de l'esprit large.** Prix. . . . . 2 fr. 50

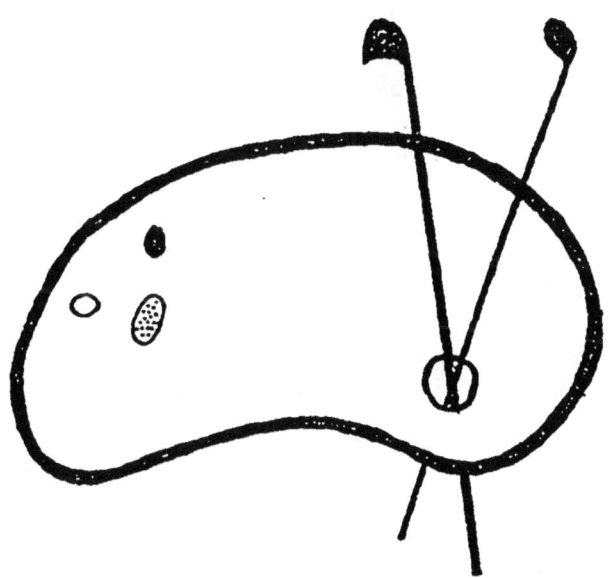

FIN D'UNE SERIE DE DOCUMENTS
EN COULEUR

La Religion de l'Esprit large

La Religion DE l'Esprit large

PAR

JOSEPH SERRE

2ᵉ ÉDITION

PARIS

LIBRAIRIE CRITIQUE

14, rue Notre-Dame-de-Lorette, 14

—

1908

Tous droits réservés

PRÉFACE

L'esprit large n'est pas l'esprit vague, avec lequel on le confond très souvent. L'esprit large a deux ennemis : l'esprit étroit et l'esprit vague.

L'esprit étroit s'enferme en son idée exclusive, en sa croyance incomplète, s'emprisonne en sa case et son système, ferme sa porte et sa fenêtre, et tourne le dos à l'espace et à l'infini.

L'esprit vague est, au contraire, la contrefaçon de l'esprit large. Lui, n'a ni porte ni fenêtre, et c'est en quoi il ressemble à l'espace et à l'infini. Mais il leur ressemble comme le ciel gris ressemble au ciel étoilé, comme le vide ressemble à la plénitude, et l'indécision à l'ampleur d'âme.

L'esprit large dessine nettement les grandes lignes des choses, sans omettre le détail, car il tient compte de tout, et, dans la lumière de l'ordre, reproduit le monde; l'esprit vague esquisse dans le brouillard quelque forme du chaos.

L'esprit large a des croyances, comme il a des idées, — des croyances larges et synthétiques

L'esprit vague n'en a pas ou n'en a que de confuses. En religion, l'esprit vague s'exprime populairement par ces formules : « Toutes les religions sont bonnes.... La religion de l'honnête homme suffit, etc. ». Et, certes, de profondes vérités se cachent sous ces imprécisions dangereuses; mais elles ont besoin d'être transposées dans la lumière de l'esprit large.

La forme la plus haute comme la plus raffinée de l'esprit vague est ce demi-scepticisme intellectuel, fort à la mode aujourd'hui, qui, incapable encore de porter le poids de l'Idée totale, et craignant d'autre part de s'emprisonner dans une profession de foi partielle, flotte entre la demi affirmation et la demi-négation de toutes choses; sorte de dilettantisme élégant, de bienveillance universelle et sceptique, sérieuse et souriante, qui fut l'esprit de Renan, différent, quoique voisin, du ricanement léger de Voltaire.

Certes, de Voltaire à Renan le progrès est considérable, et, je n'hésite pas à le dire, l'esprit moderne est infiniment supérieur à l'esprit voltairien. Mais j'ajoute : A quoi servirait ce progrès, s'il ne devait pas aboutir? L'esprit moderne prépare l'avenir, comme le chaos prépare le monde.

Le chaos, certes, est supérieur au néant. Mais je le demande, en quoi le chaos serait-il supérieur au néant, si le monde ne devait pas en sortir? J'aimerais autant le scepticisme vide et fermé du siècle de Voltaire que le libéralisme moderne, si de ce pêle-mêle des éléments qui se heurtent, de cette tolérance toute passive de l'esprit, si de cette affirmation confuse et négative, ne devait jaillir enfin l'harmonie, et la conviction, et la plénitude positive de l'affirmation et de la pensée.

La largeur d'esprit, c'est le cadre. Il s'agit de le remplir, et notre siècle broie les couleurs, il entasse les pierres : mais qui fera le tableau? qui élèvera l'édifice? qui satisfera ce besoin moderne de largeur et de plénitude?

Quelle est-elle, la philosophie de l'esprit large, la religion de l'esprit large? Existe-t-elle, la doctrine de conciliation universelle, de lumière totale, rêvée par le siècle des lumières?

C'est à quoi je voudrais essayer de répondre.

Les deux représentants les plus fameux du siècle dernier, Victor Hugo et Renan, pour ne citer que ceux-là, aspiraient, par delà leur incrédulité apparente et au-dessus des croyances particulières, à une croyance plus large, plus générale, à *la* religion au-dessus *des* religions. Mais fils d'une ère de transition entre la destruction voltairienne et la vaste édification future; fils de ce grand XIX° siècle initiateur et confus comme un chantier de travail, comme un atelier de rêve, et dont Hello a si bien défini le caractère en un mot : *l'aspiration*, — ils s'en sont tenus l'un et l'autre à la religion vague, simple déisme chez le premier, pur humanisme chez le second.

A nous de reprendre, dans l'aurore d'une ère nouvelle, de cette ère de réconciliation universelle, que prophétisait Michelet; — à nous de reprendre leur aspiration confuse, suivant sa double tendance, humaine et divine, et de la faire aboutir en la précisant dans la lumière et dans la largeur d'esprit.

Max Muller, en 1894 (1), saluait avec enthousiasme le Congrès de Chicago et le baiser de paix des religions fraternisant pour la première fois dans un concile universel. Mais si ce rapprochement matériel, moral même si l'on veut, des cultes et des croyances contradictoires, d'où ressort à peine, comme trait commun, une foi imprécise à un au-delà quelconque, peut suffire

---

(1) *The Arena*, n° de décembre.

à l'esprit vague, — l'esprit large et conciliateur rêve au-dessus de cette entente négative, de cette fusion dans le vide et le nuage, la synthèse réelle et positive, la parole de lumière qui du chaos doit tirer le monde.

Certes, c'est déjà quelque chose d'unir les âmes dans la politesse et le respect mutuel, sur un terrain aussi délicat, aussi brûlant que celui des croyances religieuses; mais ce ne sera jamais là qu'une union de surface, une intimité d'épiderme si, au delà de l'urbanité banale, au delà même des bons sentiments du cœur, l'union ne pénètre jusqu'à l'esprit, jusqu'aux profondeurs des convictions.

L'Unité de foi est la plus profonde de toutes. C'est là qu'il faudrait donner rendez-vous à toutes les races humaines, et asseoir la base de cette fraternité universelle qui, en dehors du rapprochement des âmes, n'est plus qu'un grand mot officiel et vide.

L'unité religieuse du monde! plus d un fanatisme, plus d'un prosélytisme l'a tentée, — par le sabre ou le raisonnement, par la force ou par la grâce, par le sang des autres ou son propre sang, mais toujours au nom et en vue d'une religion particulière, ou réputée telle, dont il se déclarait le lutteur ou l'apologiste. C'était une *lutte* en effet ou une *apologie*. Mais une vue large et synthétique des choses ne pourrait-elle aboutir enfin à l'unité religieuse rationnelle et définitive, par la découverte et la mise en clarté, au sein des religions particulières, des grands traits de la religion universelle, que le monde possède sans le savoir?

La vieille astronomie faisait du soleil une planète comme les autres. Aujourd'hui et dans la science moderne, le soleil est le roi immense et central, l'astre divin, d'où dépendent, comme on l'a dit de Dieu, *éminemment* toutes les planètes. Une découverte analogue est-elle impossible dans le domaine religieux?

LIVRE I

L'HOMME

LIVRE I

L'HOMME

Qu'est-ce que l'homme? Deux affirmations sont en présence, — sur ce point comme sur tous les autres, en cette science des sublimes disputes qu'on nomme la philosophie. O CHAIR ! disait Descartes à Gassendi. Gassendi répondait à Descartes : O IDÉE !

CHAPITRE PREMIER

L'HOMME CHARNEL

Il est incontestable que l'homme est matière, disent les matérialistes — et j'en suis. La bête humaine a ses instincts comme les autres; elle a son sang, ses nerfs, l'obscure complication de sa vie physiologique, et c'est une machine qui pour être plus savamment agencée, plus subtile, plus exquise que nulle autre, n'en est pas moins machine. On le sent bien n'est-ce pas, pour peu qu'elle se détraque. « Vous vous croyez raisonnable, humain, vous crie Hippolyte Taine non sans un mouvement d'ironique éloquence; j'y consens pour aujourd'hui; vous avez dîné, et vous êtes à votre aise dans une bonne chambre. Votre machine fonctionne sans accroc, c'est que les rouages sont huilés et en équilibre : mais qu'on la mette dans un naufrage ou dans une bataille, que 'e manque ou l'afflux du sang détraque un instant les pièces maîtresses, et l'on verra hurler ou chanceler un fou ou un idiot. » Folie et raison, génie et idiotisme, quel léger fil vous lie à nos débiles cerveaux, et qu'elle est mince la cloison qui vous sépare! La ligne du nez de la belle Cléopâtre décida, dit-on, du sort de l'empire romain; qui sait si les destinées du monde n'ont pas tenu à la conformation d'un pli des lobes cérébraux de quelque grand homme, ou de quelque crétin couronné !

Ce n'est pas de la fantaisie, cela, c'est de la science. Lisez les remarquables travaux des maîtres de la psychologie physiologique, Taine et Ribot, les œuvres des médecins psychologues qui se rattachent à l'école de Charcot : Féré, Sollier, Janet; qu'y trouvez-vous? Toujours, fortement documentée, bourrée de faits et d'analyses, la même thèse, savoir que l'homme est un animal, que la pensée a des *attaches corporelles*, comme le dit fort bien H. Taine, qu'il n'y a pas d'idées sans images et impressions visibles dans le cerveau, pas d'émotion morale — si pure soit-elle, si spiritualisée, — sans afflux de sang et mouvements observables; que la vie mentale en un mot, a sa racine dans la vie physiologique, et que l'homme est un être de chair, comme le singe.

L'observation est allée très loin dans cette sorte de matérialisation de ce que l'école spiritualiste appelle les facultés de l'âme. La mémoire, l'intelligence, le jugement, la volonté, l'amour, non seulement ont apparu sous l'aspect d'états nerveux, mais l'on a cru pouvoir à chacune de ces entités morales, assigner sa chambre, sa case dans l'organisme humain, vraie usine où chaque ouvrier a sa place et sa besogne réglée d'avance. Certains faits montrent la réalité de cette loi, de cette localisation, jusque dans le plus minutieux détail. M. Kussmaul cite, d'après Graves, le fait d'un malade qui avait, à la suite d'une attaque, perdu la mémoire des noms propres et des substantifs, sauf les lettres alphabétiques initiales : il se fit un dictionnaire des substantifs nécessaires à la vie courante et le consultait aussi souvent qu'il était arrêté par un de ces mots. Voulait-il par exemple dire *vache*, il cherchait à la lettre V. Quelle étrange chose que le cerveau! Tout s'y emmagasine, c'est le coffret des souvenirs, la boîte aux trésors, tout s'y imprime comme sur la feuille blanche où sont écrites ces lignes, tout depuis la pensée jusqu'à la virgule, depuis l'alphabet que j'épelais enfant, que je répétais de longues heures, précisément « pour me l'enfoncer dans la cervelle », jusqu'au tome de philosophie savante, et quelle bibliothèque d'Alexandrie que le petit cerveau humain! Le feu de la fièvre, la paralysie, une lésion quelconque, un accident peuvent détruire subitement des rayons entiers de cette bibliothèque vivante, sans toucher au reste, et nous assistons alors à des phénomènes étranges d'oubli ou d'incohérence mentale. Telle case s'est tout-à-coup vidée, et voici que Newton déraisonne.

La vie mentale n'apparaît plus dans l'idéale simplicité de ce point immatériel que les spiritualistes nomment *l'esprit pur* ou *l'âme*, mais dans la minutieuse complication des détails de l'organisme. Vienne à manquer l'un de ces *éléments de l'esprit*, comme les appelle M. Paulhan, la vie mentale est détraquée sur un point. Ce que nous nommons dans notre langage spiritualiste *l'esprit*, est une prodigieuse synthèse d'impressions, de sensations, d'images, de faits nerveux de toute espèce, groupés et ordonnés en un tout qu'on peut dire une unité, mais une unité complexe, variée et ondoyante, faite de millions de parties diverses, vibrante à toutes les crises de l'organisme vivant, comme la lyre éolienne, et M. Paulhan réédite à ce sujet, et en propres termes, le mot de ses confrères, les sensualistes d'il y a trois mille ans, qui comparaient l'homme, l'homme cérébral, à un instrument de musique : *l'âme*, disaient-ils, *est l'harmonie de ce concert*.

Au fond, et sous forme poétique, c'est le mot cru du matérialisme brutal : « L'homme est un agrégat de fibres et de cellules absorbant et secrétant »; c'est le mot du matérialisme cynique : « L'homme est un tube digestif percé par les deux bouts ».

Et toutes ces affirmations sont vraies. Je les accepte. Toutes les affirmations sont vraies.

Mais j'ajoute : Brutal ou raffiné, le Matérialisme n'est que la moitié de la vérité totale. Car voici l'autre moitié.

CHAPITRE II

L'HOMME SPIRITUEL

Il est incontestable que l'homme est une âme, disent les spiritualistes — et j'en suis. Qui dit pensée dit spiritualité. Qui dit esprit, dit esprit et non pas matière. La matière est une collection de formes, de mouvements, de couleurs : or où avez-vous vu, pouvez-vous même concevoir une idée crochue ou ronde, bleue ou verte, faisant son centimètre ou son kilomètre à l'heure ou à la minute, comme le ver ou le cheval, comme l'électricité ou la lumière? Dites donc quelle est la forme et la teinte de l'amour d'une mère pour son enfant, ou d'une pensée du génie? Dites quelle loi physique ou chimique condamnait Socrate à mourir pour la sagesse et Régulus pour l'honneur? La sagesse et l'honneur, mais ils consistent précisément à les dominer et à les vaincre, ces lois inférieures du corps et de l'animalité, si souvent en révolte contre les hauteurs morales; et la dignité humaine, la liberté, c'est cela : l'indépendance vis-à-vis de la matière. Réfléchissez à ce mot : l'indépendance! Est-ce que ce mot, étrange dans le monde de la fatalité physique où tout se tient et s'enchaîne, ne prouve pas l'esprit? Vous ne l'expliquez pas, la liberté! En en faisant des combinaisons chimiques, des états nerveux, des mouvements d'atomes ronds ou crochus, vous n'expliquez pas l'amour, vous n'expliquez pas le génie ni l'héroïsme, ni la plus humble vertu. Ces choses simples et sublimes, quoique vous en puissiez dire, réclament pour les produire une substance simple et sublime comme elles, qui n'ait rien de commun avec la boue et la poussière. Elles sont les attributs d'une âme, et vous n'êtes que des physiologistes.

« Le matérialisme est un non-sens, dit Ernest Renan. Il est le fait d'esprits étroits qui se noient dans leurs propres mots et s'arrêtent au petit côté des choses. Le matérialiste est comme un enfant qui ne verrait dans un livre qu'une série de feuilles noircies et liées entre elles, dans un tableau qu'une toile enduite de couleurs. Est-ce là tout? N'y a-t-il pas encore l'âme du livre, du tableau, la pensée ou le sentiment qu'ils représentent, et cette pensée, ce sentiment, ne méritent-ils pas seuls d'être pris en considération? Le matérialiste voit la grossière réalité, mais non ce qu'elle signifie; il voit la lettre, mais non l'esprit. »

Le grand côté des choses, la signification élevée des choses, l'esprit, l'âme : voilà des mots nouveaux que le matérialiste ne connaît pas. Il ne voit que la lettre. Or il n'y a pas que la lettre, lui dit Renan. Il n'y a pas que la matière. Les choses ont un sens. Une idée n'est pas « une combinaison chimique analogue à l'acide formique » elle est l'acte d'une intelligence qui conçoit, et dans ce livre, dans ce tableau, où l'œil ne voit que des feuilles et des couleurs, il y a, et sans acide formique, une pensée, une empreinte d'âme.

Au-dessus de la lettre, il y a *l'esprit*.

Et comme le remarque fort bien Vacherot, si l'âme n'est, comme le prétendent les physiologistes, qu'une résultante et un produit de l'organisme, comment se fait-il qu'elle résiste aux passions du corps, qu'elle dompte et gouverne les appétits? L'âme commande en nous, donc elle est distincte. Vacherot cite une des plus belles pages de Jouffroy, où se trouvent décrits l'empire exercé par l'âme raisonnable sur toutes les facultés, et les effets prodigieux d'une direction constante imprimée à tout l'homme intérieur par une volonté énergique. L'auteur du *Nouveau Spiritualisme* admire Maine de Biran et ajoute : « *La distinction des deux vies*, des deux activités, des deux natures dans l'homme, le caractère propre de la *vie spirituelle*, les rapports qui l'unissent à la vie corporelle, la spontanéité de l'activité volontaire et son empire sur les principes de la vie animale, toutes ces grandes thèses qu'il importe tant d'établir sur une base inébranlable, deviennent, après qu'on s'est pénétré des fortes doctrines de Maine de Biran, des vérités de sens intime contre lesquels nul scepticisme ne saurait prévaloir ».

Ce n'est pas seulement le sens intime et la raison, et le génie de milliers de penseurs de tous siècles et de tous pays, qui proclament le spiritualisme : c'est l'instinct moral de la plus humble des femmes, c'est le sens d'honnêteté du plus simple des cœurs purs, j'allais dire du dernier des misérables pourvu qu'il lui reste encore une étincelle d'amour. Car il y a une philosophie de la vertu, une métaphysique de la morale, et à coup sûr ce n'est pas le matérialisme. Un matérialiste peut être très vertueux, *en fait;* mais s'il l'était *logiquement*, ce serait le cas de retourner le mot d'Horace :

Parturiunt mures, nascetur magnificus mons.
La souris en travail enfante une montagne.

Prenez deux hommes. Dites au premier : L'homme est un serf du déterminisme; au second: L'homme est une âme libre. Quel sera le mieux armé pour les combats de la vie, pour la grande lutte morale qui se livrait dans l'adolescent Hercule et qui se livre en tout homme? Toutes choses égales d'ailleurs, quel sera le plus vertueux? Qui domptera le mieux ses passions? Qui aura la plus noble tenue morale ? Sera-ce l'organisme serf ? L'évidence répond : c'est l'âme qui se croira libre.

Se croire noble et se croire libre, sentir son âme, il faut cela pour résister. Noblesse oblige, et la liberté rend fort. Mais si je me crois machine, je n'ai qu'à me laisser faire. Et qu'y puis-je, si le vice et la vertu étant des produits comme le sucre et le vitriol, je produis du vitriol, non du sucre ?

Vous dites : « La liberté est contraire au déterminisme scientifique; elle serait la violation des lois de la nature. » — Nullement. Est-ce que l'automobiliste viole les rouages de sa machine? *Il s'en sert, et va où il veut.*

L'âme existe. Elle n'est pas l'harmonie de la lyre, comme vous le disiez tout à l'heure; elle est le musicien qui en tire les accords. C'était la réponse de Socrate. Et Socrate a un autre mot suggestif. Ce grand homme en prison, martyr du spiritualisme, disait en souriant que les partisans du mécanisme universel, si on leur demandait pourquoi il était assis dans son cachot à boire la cigüe, ne manqueraient pas de répondre : c'est que les muscles de Socrate, agissant de telle manière sur ses os et sur ses membres, aboutissent à telle et telle situation de son corps, etc... Et Socrate ajoutait : « La vraie raison, c'est que j'aime mieux mourir que vivre infâme et parjure. »

L'âme? La voilà ! Et voilà l'Homme.

Tel est le spiritualisme.

CHAPITRE III

SYNTHÈSE DES DEUX SYSTÈMES SUR L'HOMME

« *L'homme est un organisme* », « *L'homme est une âme* » : ces deux systèmes emplissent l'histoire de la philosophie du bruit de leurs discussions séculaires, calmées par instants, bientôt renaissantes, grossies de toutes les observations, de toutes les analyses, de toutes les réflexions du génie. Serait-il téméraire d'affirmer que la paix ne sera conclue qu'au jour où la largeur d'esprit, embrassant de son regard vaste et conciliateur toutes les positions du champ de bataille, mettra les ennemis d'accord en les approuvant tous deux.

Mais oui, l'homme est *sens*, le sensualisme a raison; et j'ajoute : Mais oui, l'homme est *âme*, l'idéalisme n'a pas tort. Très exactement, je définirais le matérialisme scientifique de tous les siècles : « *Une démonstration minutieuse de l'importance du corps.* » Et s'il me fallait définir le spiritualisme jamais vaincu, qui nourrit de sa sève toutes les vertus de l'humanité, je dirais : « *Une démonstration magnifique de l'importance de l'âme* ».

Mais comment la division a-t-elle pu s'introduire, et la lutte s'éterniser? Précisément peut-être par suite de cette dualité qui constitue la nature humaine, il y a, vous pouvez l'observer tous les jours, deux catégories d'hommes : ceux qui regardent en haut, — au ciel où dans les nuages, — ce sont les croyants et les poètes; ceux qui regardent en bas, sur terre et dans la poussière de ce monde, ce sont les gens pratiques et les chimistes d'instinct. Il est bien entendu que je parle uniquement des tendances, car les hasards de la naissance et de la vie empêchent souvent les professions de correspondre aux instincts : peu importe, les tendances existent. Et ce sont ces deux grandes tendances divergeantes de la nature humaine qui font les deux grands courants philosophiques principaux : le courant matérialiste, le courant spiritualiste.

Qu'est-ce qu'un penseur spiritualiste? D'ordinaire, c'est un esprit élevé, peu versé dans les sciences de la matière, rarement médecin ou physiologiste, mais profondément pénétré des splendeurs de l'intelligence et de la liberté morale, psychologue et métaphysicien par tendance. C'est un homme qui a expérimenté l'âme, et en a senti la profonde réalité.

Qu'est-ce qu'un philosophe matérialiste? — Mais est-ce bien *philosophe* qu'il faut dire, et non plutôt physicien ou physiologiste, car, vous pouvez en faire la remarque, presque tous les matérialistes de quelque autorité sont physiologistes ou physiciens. Un matérialiste — qui peut être un parfait honnête homme, quoi qu'en disent les adversaires — est — non pas un penseur, il ne va pas jusque-là, — mais un savant minutieux et chercheur, un savant à loupes et à éprouvettes, vivisecteur ou chimiste, n'expérimentant en fait d'âme qu'*in anima vili*. Pour lui — et j'allais presque dire c'est son devoir puisque c'est sa profession — la réalité c'est ce qui se palpe ou se pèse, ce qui reste dans la cornue ou s'évapore dans l'air. En ce sens, nos livres matérialistes modernes sont presque tous très scientifiques, je veux dire très savants, — beaucoup plus savants que nos traités spiritualistes, si l'on entend par science la connaissance du corps, mais beaucoup plus vides *d'intelligence*. A ce dernier égard, le matérialiste est nul à peu près toujours : la pensée *est absente*, et c'est naturel, *car l'âme* est absente. Mais en revanche, quel musée d'anatomie! quelle patience de fouilles dans les entrailles de la terre ou de l'homme, quelle sûreté de main et de coup d'œil, quelle finesse de dissection cadavérique! Et qui sait? peut-être dissèque-t-on mieux le corps, *quand l'âme est absente*.

Il faut des aigles et des taupes à la création universelle, il lui faut des astres et des cailloux, et des casseurs de pierres et des trouveurs de planètes. La division du travail est un bien toujours; mais le mal le voici.

Le mal, c'est l'esprit étroit; c'est le petit esprit

d'exclusion et d'anathème qui met la discorde entre les travailleurs, qui fait mépriser le corps par les disciples de l'âme, nier l'âme par les étudiants du corps.

Posez et supposez ce principe, cette hypothèse qui est celle de la largeur d'esprit : « L'homme est une combinaison de chair et d'esprit, une âme mêlée à un corps » : n'excluez rien. Tout s'éclairera immédiatement.

Vous comprendrez la raison d'être et le langage de cette grande école spiritualiste, qui scrute l'âme avec l'âme. Vous comprendrez la raison d'être et le langage de cette grande école matérialiste, qui scrute le corps des yeux du corps. De plus, les deux substances étant unies et agissant l'une sur l'autre, l'ange et la bête se tenant comme embrassés dans une mutuelle étreinte, — mystérieuse, mais tout est mystère! la philosophie n'est, à mon sens, que la recherche de la mystérieuse hypothèse qui expliquerait tout, et je la trouve dans la conciliation des systèmes : — je dis donc que, étant admis le corps et l'âme, et leur compénétration mutuelle, tous les faits accumulés par l'école actuelle de psychologie physiologiste, par MM. Ribot et Paulhan, par exemple, s'illuminent et s'expliquent, non plus dans le sens étroit et négatif de leurs auteurs, mais dans le sens conciliateur et large que leur donnera l'avenir. Dès à présent, on le devine.

Ceci est d'une importance capitale, bien que

d'une simplicité naïve. Nos sensualistes nous disent : « La pensée? Regardez : c'est une image dans le cerveau. L'amour? Ecoutez : c'est un afflux de sang, c'est un mouvement du cœur. La mémoire a des maladies, l'intelligence se détraque, la personnalité se décompose; tout est composé, tout est matériel. »

De leur côté, les spiritualistes nous disent : « C'est faux. La pensée et l'amour sont des attributs d'une substance spirituelle. La mémoire, l'intelligence, la personnalité sont des formes de l'âme, de l'âme simple et incorruptible. »

Voilà trois mille ans, cinq mille ans, que les deux partis sont en présence. Il est temps de les pacifier en les conciliant, car on a raison de part et d'autre.

Et l'union de l'âme et du corps est la clé de tout le mystère humain.

CHAPITRE IV

INTIMITÉ DE L'ANGE ET DE LA BÊTE

L'homme est un ange, disent les uns, l'homme est une bête, disent les autres. J'accepte les deux solutions; l'homme est double. Mais l'homme est un, me crie-t-on des deux côtés : j'accepte encore; et je viens de dire que cette union, cette unité, est la clé du mystère humain. C'est ce que nous allons voir.

Oui, ces contraires, chair et esprit, se fondent en une union si profonde qu'elle va jusqu'à l'unité, et font *un être*, comme une molécule en chimie est faite d'une fusion d'atomes. Fusion si complète que l'hydrogène perd son nom et l'oxygène le sien : c'est l'eau, un nouvel être. Ce n'est plus la bête, ce n'est plus l'ange : c'est l'homme.

Sans doute — et notons cette loi chimique — la combinaison ne détruit rien : les deux éléments persistent sous l'unité apparente et réelle, et la preuve c'est qu'on peut les séparer. Cette loi de la chimie nous ouvre sur l'avenir de l'âme après la mort une vue qui rassure. Mais pour le moment c'est de l'union, c'est de l'unité qu'il s'agit.

Elle est si forte, si intime, qu'on pourrait définir l'homme : un être matériellement spirituel et spirituellement matériel, tant la compénétration est puissante et radicale. Elle l'est au point que, parmi les psychologues, qui tous ont reconnu la double face de l'homme, ce qu'ils appellent « *le physique* » et « *le mental* », plusieurs n'y voient que les deux faces d'une seule et même substance. Et ils ont raison, tant que leur idée n'empiète pas sur l'idée contraire, l'idée spiritualiste de la distinction et de la dualité. Le sensualiste Locke se demandait un jour, et c'est l'éternelle question matérialiste qu'il agitait en un mot : « Qui sait? qui sait si la matière ne peut pas penser? » Les Cartésiens se sont récriés à l'absurdité de cette question; mais si les Cartésiens avaient raison, Locke n'avait pas tort, car au fond de toute erreur, fut-elle monstrueuse, il y a une idée, c'est-à-dire une vérité. Eh oui! la matière pense! La matière arrive dans l'homme à la pensée, suivant la formule évolutionniste. Comment y arrive-t-elle? C'est là que la doctrine contraire, le spiritualisme, intervient pour compléter la formule : elle y arrive *par l'esprit*. Par l'esprit qui s'empare de la matière, et l'élève à sa dignité pensante. La vie monte de sphère en sphère, elle a des ascensions magnifiques, et ce n'est plus le caillou, c'est la fleur, ce n'est plus l'animal, c'est l'homme. L'organisation va se compliquant, se perfectionnant du bas en haut de l'échelle dont la science multiplie les échelons et la série harmonieuse des gradations délicates et nuancées. Mais comment cela se fait-il? Est-ce que le spiritualisme a tort? Eh! non : il explique. *La matière monte*, mais *par l'esprit*, par ce que les physiciens appellent « la force » et les psychologues l'âme. Comment l'humus devient-il un végétal? Par « la force vitale » de la plante qui l'attire à elle et se l'assimile par une transsubstantation mystérieuse mais scientifique. Et l'humus vit, et la terre fleurit dans le géranium. Et la matière, qui est arrivée à la fleur, arrive dans le cerveau à la pensée. Et voilà l'homme qui réfléchit. La matière pense (matérialisme) parce que l'esprit la fait penser (spiritualisme).

L'esprit s'est fait chair, et les deux ne font plus qu'un.

CHAPITRE V

DOUBLE ET UN. — ENCORE LES PETITS SYSTÈMES

Une grande vérité est d'ordinaire une vérité synthétique, conciliatrice, joignant dans l'ampleur de son unité puissante les bouts opposés de deux vérités contraires, si difficiles à unir ou à maintenir unies, que la séparation ne tarde pas à se faire en toute intelligence trop étroite pour contenir une synthèse d'idées. De là les systèmes, débris de la vérité totale.

Prenons un exemple. 1 est 1 : voilà ce qu'on admettra aisément. 2 sont 2 : c'est non moins clair. Mais voici une formule plus savante : 2 en 1. Cela a l'air d'une absurdité, et l'on se récrie.

C'est qu'il y a là une conciliation, une synthèse de ces deux choses contraires : l'unité et la dualité, et le regard qui se pose sur l'une d'elles, s'il est étroit, perdra l'autre de vue. C'est ce qui est arrivé pour l'homme.

Feuilletez l'histoire de la philosophie, — ou écoutez simplement autour de vous, car la métaphysique est partout, au salon et dans la rue ; — et partout aussi, dans la rue comme dans les livres — elle pèche souvent par étroitesse.

Beaucoup d'hommes, même ceux qui riraient de l'épitaphe de Sardanapale, vivent avant tout pour manger, jouir, dormir, et faire du sport. La matière les préoccupe très fort, et en cela ils ont raison. Oui, ils ont raison de manger, de dormir et d'être *sportman*. Seulement ils s'en tiennent là : au corps, à la bête humaine. Le reste n'existe pas, ou n'est que dans le brouillard. Pour eux l'homme n'est pas double, il est un, mais de l'unité étroite, qui exclut son contraire. Il est corps. Et parce qu'il est corps, ils ne sentent pas qu'il est âme. Leur cœur se refuse à la synthèse.

D'autres, plus rares il est vrai, ne voient que l'âme. Le stoïcien antique, avec son dédain superbe de la douleur, le moine bouddhique avec l'impassibilité de ses mortifications effrayantes, semblent affirmer : l'homme est une âme. — L'esprit se cabre et ne veut pas de la chair. Sublime manière de faire l'unité! — sublime mais étroite.

Le surmenage intellectuel dont gémit notre jeunesse n'est-il pas, lui aussi, — je le cite en passant — une méconnaissance de la vraie nature humaine qui n'est pas seulement esprit et intellect, mais cerveau et organisme. Oubli étrange, dans un siècle scientifique, où Spencer a dit : « Il importe avant tout que la nation soit composée de bons animaux. »

Si les uns oublient l'animal pour ne songer qu'à l'esprit, ou l'esprit pour ne soigner que l'animal, et méconnaissent ainsi la dualité humaine, d'autres perdent de vue l'unité.

Ceux-ci du moins voient nettement les deux termes. Le corps existe, et l'âme existe elle aussi. Mais ils se tiennent mal. On les dirait, à leurs yeux, juxtaposés, ou si vous aimez mieux, superposés l'un à l'autre, comme une corbeille sur l'étagère, comme un pilote sur son bateau. Cette dernière comparaison est de Platon lui-même, grand esprit qui avait ses quarts d'heure de sommeil comme le bon Homère. Platon était un divin rêveur, que son corps parfois gênait; il le laissait dans sa chambre, avec son drap et sa cuvette, et l'âme s'en allait planer au-dessus de l'Olympe ou voltiger sur l'Hymette aux abeilles d'or. C'est lui qui pensait que durant la nuit l'âme voyageuse quitte le corps endormi, et s'envole au bleu pays des rêves. La conception scientifique du cerveau et des conditions matérielles de la pensée, donne à cette théorie platonicienne du rêve une apparence de conte de fée. Le grand philosophe se mettait à l'aise avec ce pauvre corps, pour peu qu'il en fût embarrassé. Il ne le niait certes pas, puisqu'il croyait à la matière éternelle; mais c'était une prison dont il importait à l'âme de se délivrer au plus vite, et la séparation définitive des deux conjoints mal assortis était désirable. Victor Hugo, à la fin de ses *Contemplations*, a des vœux analogues :

> ... La mort, c'est l'ineffable chant
> De l'âme et de la bête à la fin se lâchant.

Evidemment l'âme et la bête, aux yeux du grand poète, ne sont pas faites l'une pour l'autre. Elles se sont rencontrées, elles se lâchent : l'homme n'est pas un. C'est là peut-être une réminiscence de Platon.

Mais, sans fouiller les philosophies, est-ce que tous les jours nous n'entendons pas dire sur le cercueil d'un enfant : « Le petit ange est remonté au ciel! » C'est parler comme Platon, et suivant une conception tout angélique de notre humaine nature; le corps est un accident d'un jour, une rencontre, et l'âme qui existait avant lui, qui n'est pas faite pour lui, ne demande que l'occasion de *remonter*, libre et pure. Mais une âme pure et libre, ce n'est pas un homme, c'est un esprit d'une autre espèce que nous.

Ils n'en sont pas moins charmants, ces petits enfants des poètes :

> Qui trébuchent, encore ivres du paradis.

Je trouve dans les doctrines du Spiritisme actuel une tendance analogue à méconnaître l'unité humaine au profit de la dualité exclusive. L'homme n'est plus un corps et une âme unis en mariage tellement intime que les deux ne font plus qu'un : l'âme est une infidèle qui va s'incarner ailleurs, en attendant de ne plus s'incarner du tout. Les pauvres corps abandonnés se consoleront en fleurissant dans les roses.

Signalons encore, comme suprême expression de la dualité exclusive, le dualisme persan de Zoroastre, père du Manichéisme qui séduisit saint Augustin et plus tard les Albigeois du Moyen-Age. Là, le corps et l'âme sont franchement ennemis, comme le bien et le mal, comme Ormuzd le dieu du jour, et Ahriman le dieu des ténèbres. La chair est le châtiment de l'esprit, dont le rêve est de s'enfuir loin d'elle. La morale de l'Inde a des aspirations analogues, et c'est la plus haute récompense promise par le Bouddha à ses fidèles que la désincarnation définitive, la séparation absolue des deux éléments qui nous composent.

Résumons. L'homme est double, disent les uns; L'homme est un, disent les autres. Je conclus : L'homme est double, et il est un. Mais essayons d'aller plus avant.

CHAPITRE VI

L'INCARNATION HUMAINE

Je viens de prononcer le mot de mystère; mais il faut avouer qu'aujourd'hui ce mot a perdu sa couleur surnaturelle, car le mystère, — et la science aide tous les jours à cette révolution, — devient le pain quotidien de la nature. Tout est profondément mystérieux, et nous ne sommes plus au temps où l'on se contentait du rire pour réfuter la Trinité ou l'Incarnation chrétiennes. Trois en un n'a rien d'impossible, et l'incarnation est partout.

Nous ne sommes plus au temps de Descartes qui faisait de l'âme le monopole exclusif de l'homme, et reléguait tout le reste dans la catégorie des *machines*. On dit que le grand philosophe pensait ainsi mieux protéger sa foi religieuse. C'était naïf, et les sensualistes ses successeurs, n'eurent pas de peine à le lui prouver. Aujourd'hui l'âme est partout, *l'âme est une loi de la nature*.

Que l'on me permette une anecdote vraie :

Un habitant de la jolie petite ville d'Aarbourg, possède un magnifique terre-neuve. Ce chien éprouve un plaisir tout particulier à faire sa sieste sur le fauteuil de la grand'mère, et chaque fois que la bonne femme quitte son siège, l'animal accourt et s'y installe à son aise.

Quand le terre-neuve occupe sa place favorite, frileusement enroulé sur le vaste fauteuil, il n'y a pas moyen de le faire déguerpir. Mais la grand'mère, qui sait par expérience que les coups de canne ne servent à rien, a imaginé un truc pour reconquérir son fauteuil. Dès que le chien a accaparé sa place, elle va à la fenêtre et crie : Chat! chat! Et chaque fois le terre-neuve saute du fauteuil, acourt, aboie... mais quand il revient, il trouve la grand'mère commodément assise.

L'autre jour, le terre-neuve avait réussi à s'introduire dans la chambre de la bonne vieille : elle occupait son fauteuil. Que fait notre chien? il se précipite à la fenêtre et se met à aboyer comme un enragé. La grand'mère se lève aussi vite qu'elle le peut pour voir ce qui se passe dans la rue et, incontinent, l'intelligente bête saute sur le fauteuil et s'y installe !

> Et qu'on me dise après ceci
> Que les bêtes n'ont pas d'esprit !

L'âme du terre-neuve est aussi visible que celle de la grand'mère.

La plante a une âme. On fabrique tout, à l'heure actuelle : fabriquez-moi donc une machine à faire la rose printanière! C'est que le rosier est vivant. Et qu'est-ce que la vie, qu'est-ce que cette force végétative qui fait un miracle contre la loi de l'attraction physique en s'élevant dans l'espace, travaille tout l'été dans ses cellules vertes contre la chimie minérale qui redemande en vain ses éléments naturels, son carbone et ses gouttes d'eau transformées en sourires de fleurs par une chimie vivante? La vie n'est pas matière. La vie, c'est l'âme.

Mais la matière elle-même n'est pas inertie et mort, bien qu'elle en approche. La pierre a une âme! Observez. Quand je donne du poing dans un mur, le mur résiste : c'est donc qu'il est une force de résistance. Si la matière était inerte, comment résisterait-elle? Le mur résiste, et il est plus fort que moi; il est mon vainqueur. Il y a dans ce bloc de granit une sorte d'entêtement obscur, grossière ébauche de la volonté énergique. L'âme c'est la force. L'éclair est la manifestation d'une puissance orageuse, — et quelle puissance que celle qui foudroie! Quelle armée rangée en bataille vaut le rayon solaire, qui prend la mer et l'enlève en vapeurs ruisselantes dans le ciel! Et le soleil est un aimant qui porte des univers! Les panthéistes parlent de « l'âme du monde » : oui, il y a une âme du monde; les anciens l'appelaient le Feu, nous l'appelons la Force, la force unique et multiple, attraction, affinité, lumière, chaleur, magnétisme, qui opère tout sur terre et a l'un de ses tabernacles dans le Soleil.

Au-dessus de la force brute, s'épanouit en verdure la force, vivante déjà, aveugle encore, de la nature végétale : nouveau monde, nouvelles créations d'âmes. Plus haut encore, la force sensible se montre à nous dans les merveilles des instincts et des appétits, images des merveilles supérieures de l'intelligence et de l'amour. Puis éclate cette force elle-même d'amour et d'intelligence, et l'homme se dresse libre et pensant. On le voit, l'âme n'est plus ce mot étrange et antiscientifique dont riaient les matérialistes comme d'un mythologique personnage. Il n'y a rien d'exceptionnel dans la nature, bien que tout soit hiérarchique, et l'âme est à tous les degrés de l'être.

L'âme c'est l'être. Que serait la matière, sans la cohésion de ses molécules, sans la *force* qui réunit ses atomes, et les fait palpiter de ce mouvement vibratoire qui est au fond de tous les phénomènes de la chimie et de la physique universelle? Le néant peut-être.

Que serait la plante, sans la force qui l'anime, qui fait monter la sève, travaille dans les feuilles avec le soleil, et fait des roses avec du fumier? Que serait la plante sans cette force? Un cadavre.

La mort est la séparation de l'âme et du corps. et tout être est une incarnation.

Tout être est double et il est un. L'homme, le plus parfait de tous, est plus double et plus un que tous les autres. Car c'est encore une loi de la nature que ces contraires vont se renforçant.

Je suis si un, si simple, si unique que je dis « *moi* », — peu importe que je mange ou que je pense. Je suis si double, que je puis être immortel !

CHAPITRE VII

L'IMMORTALITÉ DE L'HOMME

La survivance de l'âme après la mort, expression suprême de la dualité humaine, est le dogme fondamental des religions. Au nom de l'unité de l'homme, les matérialistes protestent. Examinons comment ce concilient, dans l'ampleur du vrai, ces deux convictions contradictoires.

Disons d'abord que la survivance de l'âme n'est nullement impossible. Nous avons vu, dans le chapitre précédent, l'échelle ascendante des forces. Il est à croire, et toutes les inductions scientifiques et religieuses nous confirment dans l'idée que cette échelle ne s'arrête pas à l'homme. Dans le monde minéral, la force est tellement matérielle que nous appelons ce monde-là le monde de la matière: c'est le règne de la force brute. La force qui fait un lys est plus délicate et plus industrieuse, j'allais presque dire, plus spirituelle. Et combien plus encore la force presque intelligente, presque morale, qui pousse au-delà des mers la frileuse hirondelle, et porte le chien reconnaissant à lécher la main de son maître. La force se spiritualise. En physique elle se distingue à peine de la matière : aussi le caillou ne meurt pas. En botanique la vie apparaît : et qu'est-ce que la vie, si ce n'est un commencement de prise de possession de la matière par l'esprit, un commencement de distinction du corps d'avec l'âme qui domine? La plante peut mourir. Dans l'animal la distinction est plus profonde encore, bien que l'unité soit plus parfaite, et l'instinct est si peu matière qu'il confine à l'âme humaine. Et si nous montions toujours, si nous dépassions l'homme? Que serait la force pure? Existe-t-il des forces spirituelles, se suffisant à elles-mêmes, et non plus seulement distinctes, non plus seulement séparables, mais essentiellement séparées de la matière? des forces assez hautes pour s'en passer? C'est logique; et les religions, sans parler du spiritisme, nous ouvrent des horizons mystérieux sur les mondes de l'esprit pur. L'Eglise catholique a sur ces êtres supérieurs qu'elle appelle des anges et des démons, tout un enseignement qui nous parle de milliards d'intelligences immatérielles, échelonnées comme les règnes de la nature terrestre, au-dessus de l'âme humaine, et prolongeant dans l'infini la hiérarchie des forces, depuis l'ange proprement dit, qui, sans être matière, se mêle au monde et l'inspire, jusqu'au séraphin brûlant d'amour et aux chérubins extasiés dans l'inaccessible Contemplation. L'astronomie moderne nous invite d'ailleurs à concevoir, entre le monde humain et les mondes de l'esprit pur, tous les degrés intermédiaires, et des modes de plus en plus perfectionnés de la spiritualisation de la chair par l'âme, jusqu'à la suppression de la chair.

Eh bien, dis-je, dans cet ordre magnifique des créations superposées, depuis le caillou, presque tout matière, jusqu'à la pure intelligence, — pourquoi l'homme, animal mais raisonnable, n'occuperait-il pas ce point de l'échelle où la chair et l'âme se contrebalançant à peu près, l'esprit déjà serait assez personnel, assez distinct de la matière qu'il anime pour que l'union, sans cesser d'être naturelle, d'être l'homme même, pût se briser cependant sans que mort d'âme s'ensuive? Ce serait là sans doute une catastrophe véritable, un malheur pour la nature humaine, troublée dans les profondeurs de son organisation essentielle, dans l'intimité de sa substance. Mais la survivance de l'âme n'a rien, néanmoins, d'antiscientifique.

L'antiscientifique le voici : c'est l'immortalité de l'âme. L'homme n'est pas un pur esprit, et le bien d'un être c'est sa nature. Le bien de l'homme, c'est l'union intime et indissoluble des éléments qui le composent, le mariage éternel de l'esprit et de la chair. L'âme, l'âme veuve et délaissée, vivant là-haut sa vie immortelle, loin du corps évanoui à jamais, ce n'est plus l'homme. L'homme est corps, disent les matérialistes, et il est un. Ils ont raison; et si le spiritualiste peut dire aussi : L'homme est double, et l'âme existe; s'il a le droit de pousser la dualité et la distinction jusqu'à la survivance de l'âme, il n'a pas le droit de la pousser jusqu'à l'oubli du corps et à la ruine de l'unité humaine. Cette ruine, je le répète, peut se concevoir comme accident. Elle ne saurait être définitive. L'idée vraie de notre nature, telle qu'elle résulte de la science et de la synthèse des systèmes, s'y oppose violemment.

Je n'entrevois qu'une solution raisonnable. D'une part toutes les bouches des religions, toutes les voix du cœur, toutes les vertus nous crient l'Immortalité; d'autre part l'immortalité de l'âme est une hérésie contre l'unité humaine. Je ne vois qu'une conciliation possible : la réincarnation future, et l'immortalité *de l'homme*.

CHAPITRE VIII

LA MÉTEMPSYCHOSE

La métempsychose contient une vérité profonde : l'idée de la réincarnation. Mais les fables voltigent autour des grandes idées comme les légendes autour des grands personnages, et il en est de la Métempsychose comme de l'Evolution, qui, elle aussi, est la parodie d'un grand fait : le fait de la vie ascendante, — mais dans des cadres fixes, bien que souples.

La métempsychose a des airs de farce. Les esprits, souvent bouffons, parfois méchants, l'enseignent à leurs adeptes, les spirites, dans leurs séances mystico-récréatives. Pythagore y croyait pourtant, car, creusées à fond, toutes les idées sont vraies; et voici le fond de celle-ci : *la réincarnation de l'âme.*

Mais dans quelles conditions faut-il placer cette idée, la réincarnation de l'âme, pour qu'elle n'en gêne aucune autre, car toutes les idées ont droit à l'existence et au respect des penseurs ?

Voilà la question.

Presque toujours, en face d'une idée, il se produit deux courants contraires. Les uns la repoussent, et les autres l'exagèrent, ce qui ne veut pas dire l'agrandissent. De plus d'une religion, de plus d'une philosophie la réincarnation est absente; ailleurs on la met partout. Le Bouddha, avant d'être le Bouddha, a passé par des centaines d'existence; il a été successivement ascète, brahmane, mendiant, lion, perroquet, singe, marchand, roi, ermite, etc., etc... Les contes de Perrault ne sont pas plus féconds (1) — ni les contes évolutionnistes modernes qui font un homme d'un singe, et des laquais comme Perrault avec des lézards — pourvu que le temps s'en mêle. Mais il y a du vrai, je le répète, dans l'évolution comme dans les contes de Perrault, et il y en a dans la réincarnation; j'entends par vrai ce qui est conforme à la conception la plus large, la plus synthétique, de notre nature humaine.

Or cette nature est double et elle est une. L'homme est corps, comme le disent les matérialistes; il est âme, comme l'affirment les spiritualistes; il est l'union des deux, et cette union explique tous les phénomènes. Je suis mon corps, je suis mon âme, je suis le mariage de mon âme et de mon corps. Que la mort vienne briser le lien, mon âme, cette force qui dans le règne hu-

---

(1) Je sais bien qu'il s'agit ici de la métempsychose populaire ; les théosophes ont réglementé la réincarnation de façon plus rationnelle.

main atteint son plus haut degré de distinction d'avec la matière, mon âme pourra survivre; mais si la force a dans le règne humain son plus haut point de distinction d'avec la matière, elle y a aussi son point le plus profond d'unité et d'intimité avec elle, et sans mon corps je suis incomplet. Que me manque-t-il? *Mon corps*. Car mon corps c'est moi. Non pas le corps d'une bête ou d'un autre homme : ceci c'est la métempsychose vulgaire, la parodie de la réincarnation, aussi fantaisiste que l'immortalité de l'âme dont nous parlions tout à l'heure. Faire passer mon âme dans la catégorie des esprits purs, ou la faire passer dans le corps d'une bête ou d'un autre homme, c'est me méconnaître, de deux façons différentes. Je ne suis pas cela. Je suis moi : rien de plus, rien de moins.

Chose étrange! Je trouve dans la doctrine d'une de nos grandes religions, la religion catholique, un dogme qui répond rigoureusement à l'idée vraie de la réincarnation. C'est le dogme de la résurrection de la chair.

Miracle et mystère, impossibilité, comme toute chose. Mais pour moi tout est possible, de ce qui est rationnel, et je suis frappé de ceci : la conformité de cette idée avec la vraie conception de l'homme. J'y vois la synthèse de la métempsychose avec la nature humaine, le point où les deux se touchent sans se heurter.

Au reste, toute la théorie catholique de la vie

et de la mort est profondément philosophique, c'est-à-dire profondément synthétique. Plusieurs systèmes, matérialisme, sensualisme, mettent la vie dans le corps; d'autres, idéalisme, spiritualisme cartésien, mettent la vie dans l'âme. Le catholicisme met la vie dans l'union de l'âme et du corps. C'est sa définition de la vie humaine. Et il définit la mort humaine : La séparation de l'âme et du corps. De plus, à ses yeux, cette séparation est un mal, car c'est la mutilation de l'homme. Tandis que beaucoup de religions, mutilant elles-mêmes notre nature, voient dans la mort une délivrance, le catholicisme y voit un châtiment. Tandis que nombre de religions voient dans le corps une prison temporaire, un accessoire insignifiant dont l'âme se débarrassera un jour, le catholicisme voit dans le corps la moitié animale mais essentielle de l'homme, une face de sa nature, un des deux éléments de son unité. Pour lui l'âme et le corps sont deux, et ils sont un : ils sont tellement distincts que la mort de l'un n'entraîne pas celle de l'autre; ils sont tellement unis que c'est pour l'éternité. La séparation n'est qu'un accident d'un jour, et un accident contre nature, fruit d'un fait maudit. Voilà la doctrine catholique, et je ne sais pourquoi cette union du corps et de l'âme me rappelle la théorie de la même religion sur l'union de l'homme et de la femme et l'indissolubilité du mariage. C'est la même formule : Ils sont deux en un.

Dans ce poème de deux êtres donnés l'un à l'autre dès l'éveil de leur premier amour, vivant l'un pour l'autre, j'allais dire l'un par l'autre, et à jamais — car le divorce est réprouvé, la séparation de corps ne rompt pas le lien, et la mort elle-même ne brise ni le souvenir ni l'espérance : dans ce poème religieux j'entrevois l'image de cette autre union, plus intime encore, de deux substances faites l'une pour l'autre, vivant l'une en l'autre dès leur premier battement, dans l'unité d'un être si matériel qu'il digère, si spirituel qu'il réfléchit, si matériellement spirituel que sa pensée est image cérébrale, si spirituellement matériel que son sourire est intelligent. L'union est profonde, et indissoluble, car la fidélité est éternelle.

Pour Platon, l'âme a ses caprices. Un beau jour, elle a saisi le corps, qui lui était étranger, et elle l'abandonnera un jour; en attendant, elle sait se passer de lui dans ses opérations les plus hautes. Le rêve est conçu par Platon comme un voyage de l'esprit. Pour Pythagore et les religions de l'Inde, l'âme a mieux que des caprices ;elle a ses infidélités. Elle court les aventures, et s'unit à d'autres corps, sans souci des mésalliances. A l'opposé, dans quelques religions et philosophies spiritualistes, la réincarnation ne figure pas ; l'âme immortelle, joyeuse de la mort de son compagnon, s'envole à tout jamais, oublieuse du corps qui lui fut uni, dans les régions plus hautes de l'esprit pur.

Plus délicate, plus profonde, plus large est l'idée chrétienne. Elle ne mutile pas l'homme. Elle le respecte, corps et âme; et en regard du dogme de la survivance spirituelle qui prouve, au-dessus du cercueil, la distinction des deux substances, elle pose le dogme compensateur de la résurrection et de la transfiguration de la chair, qui affirme leur unité.

Voilà une religion philosophique.

CHAPITRE IX

TEMPLE ET PRIÈRE

L'homme est tellement corps et âme, matière et esprit, pensée et organisme, qu'il imprime partout les traces de ce dualisme de nature. Tout ce qui est humain est double, et double dans l'unité; tout phénomène humain a un double aspect, spirituel et matériel, mental et physique. J'écris : ce sont des mots que j'écris, jambages noirs sur papier blanc; mais ces mots pensent, ces mots ont un sens, ont une âme, la mienne. Je suis joyeux; c'est dans l'âme qu'est la joie, mais le corps la traduit, et la traduction c'est le sourire. Qu'est-ce que l'Art? Le beau *idéal* sous une forme *sensible*. Qu'est-ce que la famille? C'est un amour, et c'est un foyer. La pensée la plus haute, la plus pure, a ses *attaches corporelles*, suivant le mot de H. Taine, ses traces cérébrales, que voient si bien les matérialistes. L'acte le plus grossier, manger, boire, a des effets sur l'esprit, et l'estomac content réjouit le cœur de l'homme. Le cœur : remarquez ce mot, et son sens double, physique et moral. Ne dit-on pas le cerveau pour la pensée, un cérébral pour un philosophe? Le front c'est l'audace, le bras c'est la puissance :

chaque mot a son double sens, le sens du corps et le sens de l'esprit, et le dictionnaire porte à chacune de ses lignes la trace de notre nature humaine.

La religion, faite ou non par l'homme, mais toujours faite pour l'homme, porte, elle aussi, la double empreinte. Je ne sais pas de langage plus humain que celui de l'Evangile, car la parabole est précisément une vérité qui a un corps, l'incarnation d'une idée. S'il y a des livres sacrés, des livres divins, c'est cette langue qu'ils doivent parler. La poésie est le plus divinement humain des langages, parce que c'est une incarnation, comme l'homme; et s'il y a une religion divine, c'est-à-dire tout d'abord profondément humaine, je me la représente comme une incarnation perpétuelle, une poésie vivante. Rien n'est si peu humain que le langage abstrait et philosophique, fait pour les esprits purs; ce qu'il nous faut c'est le symbole poétique, — l'idée, mais sous son voile. Ce voile ne nous la cache pas, au contraire; c'est un corps qui nous la fait saisir. La Religion doit être une incarnation de la sagesse éternelle.

Remarquez-le, toute religion a ses temples, et toute religion prie. On prie dans le temple. La prière, c'est la foi, c'est l'espérance, c'est l'amour : c'est l'âme. Le temple, c'est le culte, ce sont les cérémonies, tout le côté extérieur et matériel de la religion : c'est le corps. Indépendamment de toute question de foi, je ne vois rien de plus humain que cette synthèse : la Prière dans le

Temple. Pour les raisonneurs de pur esprit, le Temple est injustifiable; est-ce que Dieu a besoin de maison? est-ce qu'on ne peut pas le prier partout, s'il existe? — C'est vrai, mais ces messieurs ne voient qu'une partie de la vérité, et mutilent l'homme en ne satisfaisant que son âme. D'autres se contentent du corps, et vont au Temple, mais sans prier, sans même s'unir d'intention ou de cœur au mystère qui s'y célèbre. Ce sont les matérialistes, les formalistes de la religion, comme les premiers en sont les idéalistes. Ceux-là n'attachent d'importance qu'à la présence matérielle, ceux-ci à l'acte mental. Le Temple suffit aux uns, aux autres la Prière.

Les deux tendances opposées se retrouvent un peu partout. Tel Juif n'allumerait pas une bougie le jour du sabbat, qui est peu scrupuleux sur les questions d'âme. Tel protestant, parfait honnête homme et même croyant sincère, vivra sans donner signe de culte extérieur. Et tout catholique est plus ou moins juif ou protestant. Ces tendances particulières se rattachent à deux grands courants religieux, que d'ailleurs les deux religions nommées, le judaïsme et le protestantisme, représentent assez bien dans les temps modernes. Le Judaïsme est un type de religion formaliste. (Est-ce qu'il est permis de faire des guérisons le jour du sabbat?) Le Protestantisme est une religion d'esprit pur. Il est l'extrême opposé du judaïsme. C'est contre le côté extérieur et matériel du catholicisme romain que Luther leva l'étendard de la Réforme, et depuis lors l'Eglise réformée n'a fait que se dégager de plus en plus de ce qu'elle appelle, dans son dédain spiritualiste, le paganisme religieux. Le temple protestant n'est pas un Temple; c'est une salle de réunion, à qui parfois son origine catholique a laissé des traces d'architecture inutile et qui ne se comprend plus. Le vrai temple du protestant, c'est l'âme. Sa vraie prière, c'est la foi. Il n'aime ni les formules ni les pierres des cathédrales. Pourtant la prière elle aussi, cette âme des religions, peut avoir comme l'âme humaine ses attaches corporelles, ses formules, ses rapports avec les lèvres, sa localisation organique. L'homme corps et âme, doit prier corps et âme, et j'aime le Musulman prosterné. De son côté, le temple de pierres, ce cadavre, doit être baigné de vie, et spiritualisé par la foi et la prière. Le Temple c'est la Religion en granit. C'est la religion en corps, et c'est encore la religion, comme la chair est encore l'nomme, quoique en disent les idéalistes.

La Religion humaine est chair et esprit, matière et force, Temple et Prière : l'homme est double. — Et l'homme est un : la Prière humaine a un corps, le Temple humain a une âme.

Mais qu'est-ce que Dieu ?

LIVRE II

DIEU

LIVRE II

LE DIVIN

Or le fond de toute religion, l'essence de la Religion universelle, c'est, avant tout, l'idée du *divin*.

Nous avons parlé de l'homme, de l'adorateur; parlons du divin, de l'adoré.

CHAPITRE PREMIER

LA MULTIPLICITÉ DES RELIGIONS

> Les cultes et les dieux plus nombreux que les mouches !

s'écrie Victor Hugo dans l'explosion de sa raillerie amère pour les religions humaines, et si le grand poète fut sceptique à leur endroit, s'il a ricané comme Voltaire :

> Devant ces dogmes qu'on redoute,
> Ciel difficile, enfer promis,
> Je prends le grand parti du doute
> Et de remplir mon verre, amis !

s'il a vécu en dehors de tout culte officiel, et est

mort en repoussant « les oraisons de toutes les églises », — ce n'est pas qu'il manquât, comme les matérialistes du dernier siècle, de ce qu'on nomme l'esprit religieux, puisque dans ce même testament où il repousse les oraisons de toutes les églises, il demande « une prière à toutes les âmes », et termine en disant : Je crois en Dieu. La vraie raison de son scepticisme à l'endroit des religions positives, des croyances officielles, je la trouve dans ce cri adressé à l'homme :

Pourquoi, n'ayant pas plus de jours que tu n'en as,
Prier devant un tas d'autels *contradictoires* !

Remarquez ce dernier mot. Ce qui fit de lui, et de tant d'autres en notre siècle, ce que les religions appellent des « incrédules », des « libres penseurs », c'est ceci : c'est la vue de ce tas d'autels contradictoires. Notre siècle n'est pas un siècle impie, ce n'est même pas un siècle sceptique à la façon de Voltaire; c'est un siècle chercheur, consciencieux, scientifique. Mis en face de ce spectacle troublant, la multiplicité des cultes à la surface de la terre, il est ébloui par le nombre, par la diversité choquante des religions contradictoires, par tout le côté visible et apparent de la question, et incapable encore de creuser assez profond pour découvrir sous la variété des apparences superficielles, sous les luttes des systèmes étroits, l'Unité vivante qui les relie et les concilie dans la Religion universelle et totale, — avant de les peser dans son esprit, il les compte au bout de ses doigts.

Les cultes et les dieux plus nombreux que les mouches !

Il fait de la statistique comparée, ce siècle plus statisticien que penseur.

A ce compte, on a vite perdu la foi, et c'est le premier résultat de l'étude des religions. Il y en a tant, de religions! A quoi bon s'emprisonner dans un dogme étroit et exclusif, contredit par tant d'autres dogmes, aussi exclusifs et non moins étroits. Ce qu'il me faut, c'est l'immense, c'est l'unique, qui embrasse tout. S'il n'y avait qu'une Religion, le genre humain serait à genoux. S'il n'y avait qu'un Dieu, il n'aurait que des adorateurs. Le doute naît de la multiplicité et de la contradiction, on est aveuglé par la poussière.

Notre siècle en est là. La poussière des religions tourbillonnantes obscurcit son atmosphère intellectuelle, et il est aveuglé par cette poudre volante qui lui arrive des quatre bouts de l'horizon.

Un jour la poussière tombera, et l'œil apercevra le Soleil.

Ce sera le second moment, l'âge de la réflexion philosophique et de la largeur d'esprit, dont le scepticisme actuel n'est que la contrefaçon négative et l'image renversée.

CHAPITRE II

L'UNITÉ DES RELIGIONS

Du premier coup d'œil, et à ne consulter que le dictionnaire ou l'histoire vue en surface, les dieux des nations sont innombrables. Mais, si l'esprit est souvent la dupe du cœur, il est encore plus la dupe du mot, et c'est à quoi il faut prendre garde. Ce sont les mots qui sont innombrables.

Un ignorant qui apprendrait que Jehovah est le dieu des Juifs, Dio celui des Italiens, Gott celui des Allemands, dirait : Cela fait trois dieux. Nous sommes cet ignorant quand nous nous imaginons qu'il y a sur terre autant de dieux que de noms pour les exprimer, et autant de religions que d'idiomes. C'est une question de mots.

Mais quand c'est une question d'idées? Eh bien, même alors, il ne s'agit très souvent que de nuances. Ce sont des variations du même thème, des faces diverses du même dieu. Si ce n'est plus affaire de traduction, c'est affaire de synonymie. N'entendez-vous pas dire tous les jours *le Tout-Puissant*, *le Très-Haut*, *le Bon-Dieu*, sans croire pour cela à trois religions différentes? La Providence, cette douce forme féminine et maternelle de la divinité, n'est qu'un synonyme, un autre nom de l'Eternel et du Terrible, et les Psaumes de la Pénitence et le Cantique des cantiques sont les deux notes d'un même accord. Quand je lis les livres sacrés de l'Inde, ces fameux Védas qui sont la Bible de l'Asie, j'y vois une multitude de dieux : Dyaus, Varuna, Vishnou, Savitar, Mitra, Indra, Prajapati, etc..., etc... Pour la foule, ce sont des dieux séparés, et l'Inde actuelle est grossièrement polythéiste. Mais à l'origine, et par maint verset des hymnes les plus anciens, nous apercevons clairement le lien qui, dans la pensée des chantres védiques, rattachent entre elles toutes ces divinités, faces multiples du même dieu. Dyaus renferme une idée de *lumière*, Varuna de *voûte*, Indra de *pluie*, etc. Mais l'idée qu'ils renferment tous c'est l'idée de ciel : Lumière céleste, Voûte céleste, Pluie céleste. Dyaus était le ciel au point de vue de la lumière, Varuna le ciel considéré comme voûte surmontant et enveloppant le monde; Sûrya était le ciel dans son point le plus éblouissant, le soleil; Agni le ciel dans sa flamme et sa chaleur. Max Müller cite de nombreux passages où tel dieu n'est encore qu'une épithète de l'autre, tel hymne où Prajâpati n'est qu'une épithète de Savitar, comme *l'Eternel* n'est qu'un adjectif de *Dieu*. Car « il n'y a qu'un Etre, s'écrie le penseur védique, bien que les poètes l'appellent de mille noms : *Ekam sad viprâ bahudhà vadanti* ».

Il en est de même de la théologie hellénique : « Zeus était le vrai dieu des Grecs, avant d'être enveloppé par les nuages de la mythologie olympienne (1) ». Et Zeus c'est le Jupiter latin, le père des dieux et des hommes. Et c'est toujours le ciel. Jupiter pleut, Jupiter tonne. « Levez les yeux, dit le poète Ennius, vers les espaces brillants des cieux : c'est ce que tout le monde invoque sous le nom de Jupiter : *aspice hoc sublime candens quem invocant omnes Jovem* ». Pline ajoute que « la pauvre humanité rappelée sans cesse par ses souffrances au souvenir de sa faiblesse, avait fait de Dieu plusieurs parts, afin que chacun adorât séparément celle dont il avait le plus besoin (2) ». Mais ce que des esprits faibles avaient séparé, des esprits plus éclairés pouvaient le réunir, et au delà de ces mille divinités, création de l'infirmité humaine, au delà même des abstractions, qui sont les divinités des philosophes, il leur était facile d'apercevoir le Dieu suprême à la fois unique et vivant, dont elles n'étaient que les attributs (3).

Et ce dieu suprême, ce ciel immense où s'élève le regard, brillant et pur et infini comme Dieu et comme lui silencieux et lointain, ce ciel qui est encore chez les Chinois et tant d'autres le nom de la divinité, il ne faudrait pas croire qu'il

---

(1) Max Müller, *La science du langage*, tome 2.
(2) Pline, *Hist. nat.*, 11, 7 (5).
(3) V. Gaston Boissier, *la Religion romaine*.

ne présentât à l'esprit de ses adorateurs primitifs qu'une idée physique et matérielle, sans rapport avec notre idée du Dieu spirituel et moral. *Ciel* était un mot à double sens, comme il l'est encore aujourd'hui : nous disons tous les jours *fasse le ciel, c'est la volonté du ciel*. Chez plus d'un peuple, le sens matériel prévalut, et la Religion s'abaissa à l'Idolâtrie. Mais il résulte d'une étude approfondie des religions primitives que le sens spirituel existait (1). Je suis frappé de ce mot *Père* uni dans les langues anciennes au nom de la divinité. Dieu c'était le Ciel-Père, autrement dit le Père céleste. — Lisons cette belle page de Max Müller, émue d'un enthousiasme aussi religieux que scientifique :

« Il y a cinq mille ans et plus peut-être, les Aryens parlant encore une langue qui n'était ni le sanscrit ni le grec ni le latin, l'appelaient *Dyu pater*, le Ciel-Père.

« Il y a quatre mille ans, plus tôt peut-être, ceux des Aryens qui s'étaient dirigés vers le Sud, vers les rivières du Penjâb, l'appelaient *Dyaus pitar*, le Ciel-Père (en sanscrit).

« Il y a trois mille ans, plus tôt peut-être, les Aryens établis aux bords de l'Hellespont, l'appelaient *Zeus-Pater* le Ciel-Père (en grec).

---

(1) Il existe encore, même parfois chez les peuples les plus dégradés : « Les Odjis ou Ashantis par exemple, désignent l'Etre suprême par le même nom que le ciel, mais ils entendent par ce nom un dieu personnel qui, disent-ils, a créé toute chose bonne » (Müller).

« Il y a deux mille ans, les Aryens d'Italie levant les yeux vers le ciel lumineux au-dessus de leur tête, vers ce *sublime candens*, l'appelaient *Jupiter*, le Ciel-Père (en latin).

« Il y a mille ans, les Aryens teutoniques invoquaient ce même Ciel-Père, ce même Père universel, dans les forêts sombres de la Germanie, et son vieux nom de *Tiu* ou *Zio* retentissait peut-être alors pour la dernière fois.

« Mais il n'est pas de pensée, pas de mot qui se perde tout entier. Et quand ici, dans cette vieille Abbaye (1), bâtie sur les ruines d'un ancien temple romain, nous cherchons un nom pour l'invisible, pour l'infini qui nous enveloppe de toute part, un nom pour l'inconnu, pour l'Etre réel du monde et de nous-mêmes, — nous aussi, nous sentant à notre tour comme des enfants agenouillés dans une petite pièce sombre, le mot suprême qui nous vient aux lèvres, c'est : « Notre Père qui êtes aux cieux! » (2).

---

(1) L'Abbaye de Westminster, où enseignait le célèbre professeur.

(2) Origine de la Religion, p. 198.

CHAPITRE III

L'ÉMIETTEMENT DE L'IDÉE DE DIEU

Comment de cette vague unité primitive (plus précise encore à l'origine première, s'il faut en croire les Eglises et les souvenirs les plus lointains de l'humanité, — car « l'idée d'une révélation antique, dit Max Müller, se retrouve aux deux extrémités de la terre, chez les races les plus basses comme chez celles qui ont la civilisala plus haute »), — comment de cette simplicité primitive (quelle qu'en soit l'origine et si vague qu'on la suppose) l'énorme complexité des cultes et des religions s'est-elle répandue à la surface du monde ?

Sans parler des causes secondaires, occasionnelles ou occultes, l'éminent orientaliste en découvre les sources naturelles dans les profondeurs mêmes du langage primitif et de ses subtils malentendus.

Nous avons entrevu déjà comment la Synonymie avait pu créer des dieux en multipliant les noms de la divinité. Le *Dieu brillant* des races Aryennes (Zeus, d'abord Dyaus, racine *Div* briller, d'où Dies (jour) et notre mot *divinité*); *le*

Dieu fort des races sémitiques (racine *El* fort, Eloïm, Ilah, Allah); *le Dieu céleste* des races touraniennes (Tien, Ciel des Chinois), — n'étaient au fond et à l'origine que la splendeur, la force et l'infini du même Dieu. Dieu a plusieurs noms parce qu'aucun ne suffit. Mais ce polythéisme verbal a ouvert la voie au polythéisme réel, et les dieux sont entrés par la porte du langage, par la fente de la Synonymie. Les *nomina* sont devenus des *numina*.

Une source plus riche encore, plus copieusement jaillissante de créations idolâtriques, fut assurément la *métaphore*. La métaphore a été le grand procédé de la formation du langage. Si l'on parcourt la série des racines verbales qui nous sont restées de l'hébreu par exemple, comme le remarque fort bien Renan, à peine en trouve-t-on une qui n'offre un premier sens matériel. Ainsi la colère s'exprime par le souffle rapide et animé qui l'accompagne; le même mot en hébreu signifie à la fois *nez* et *colère*. Ceci ne prouve nullement d'ailleurs l'origine matérielle de la pensée, mais seulement que la matière est nécessaire à son expression humaine. Les idées les plus hautes, les idées religieuses, n'échappent point à cette loi.

« Le vocabulaire des religions antiques, dit Max Müller, consiste tout entier en métaphores. Chez nous modernes, ces métaphores sont toutes oubliées. Nous parlons d'*esprit* (spiritus) sans songer au souffle, de *ciel* sans penser à la voûte céleste, de *pardon* sans penser à l'idée de relâcher, de *révélation* sans songer à l'idée de voile. Mais dans le langage primitif chacun de ces mots, que dis-je? chaque mot qui n'exprime par un objet matériel, est en quelque sorte dans une période de chrysalide, moitié matériel, et moitié spirituel, changeant de caractère suivant les capacités différentes de ceux qui l'emploient et de ceux à qui il s'adresse.

Il y a là une source continuelle de malentendus, et il s'en produit beaucoup, dans les religions et les mythologies de l'antiquité. Il faut distinguer deux tendances saillantes dans le développement des religions anciennes. Il y a d'une part ce que j'appellerai la lutte de l'esprit contre le caractère matériel du langage, un effort continuel d'arracher les mots à leur signification sensuelle pour les plier aux besoins, aux exigences de la pensée abstraite. Mais il y a d'autre part une continuelle rechute du spirituel dans le matériel, et, chose étrange à dire, une prédilection marquée pour le sens matériel. »

Aujourd'hui, dans nos langues modernes et abstraites, où les mots ont un sens net et précis, cette tentation est moins à craindre. Elle subsiste néanmoins. On écrirait un fort beau volume sur le jeu de mots en philosophie et ses conséquences dans tous les siècles.

Presque toutes nos querelles politiques, métaphysiques, religieuses, roulent sur des mots mal définis, interprétés en sens divers : Foi, Science, Liberté, etc. Mais si l'équivoque philosophique reste plus que jamais en faveur, l'équivoque poétique, la métaphore, a perdu de sa puissance. Les deux catégories, de l'idéal et du sensible, de la matière et de l'esprit, sont nettement distinctes, du moins dans les mots, et le mot *Dieu* n'éveille chez nous que l'idée de Dieu. Il n'en était pas de même chez les ancêtres de nos races indo européennes. Le mot *Dyaus* (racine *dive* brille) s'accompagnait dans leur âme d'une sensation de lumière, et évoquait le soleil. Quand le mot était prononcé, toutes ses significations, lumière, Dieu, ciel et jour, vibraient à la fois dans ces esprits primitifs et grandioses. Ceci ne prouve nullement d'ailleurs l'origine physique de la religion, comme le concluent les partisans du fétichisme primitif. Nos premiers ancêtres pouvaient avoir de Dieu une idée aussi pure que la nôtre, mais enveloppée dans la richesse des métaphores et la troublante sensualité du langage. C'étaient des poètes, comme nous sommes des philosophes. Les anciens Aryens cherchaient le Dieu caché, ou perdu, dans toutes les parties de la nature; et tous les noms divins des Vedas, toutes ces épithètes sacrées, qui plus tard sont devenus des dieux, apparaissent comme les antiques fenêtres, dit Max Müller, par où ils ont entrevu l'infini. Ce qu'ils cherchaient était comme la montagne, comme l'océan, comme l'aurore, comme le ciel, comme le Père; mais ce n'était pas la montagne, ce n'était pas l'océan, ce n'était pas l'aurore, ce n'était pas le ciel, ce n'était pas le Père. C'était quelque chose de tout cela, mais c'était quelque chose de plus que tout cela, au-delà de tout cela.

Certes, celui qui pour la première fois imagina de donner le nom de Ciel, ou de Soleil, ou de Souffle, à la divinité, a songé aussi peu au ciel physique, au vent ou à l'astre du jour que nous y songeons nous-mêmes quand nous parlons du royaume des cieux, de l'Esprit saint ou du soleil de justice. Mais le langage a sur la pensée autant d'influence que le corps sur l'âme, et la matérialité du mot finit par prévaloir sur la spiritualité du sens. Tous ces noms qui n'étaient primitivement que des manières nouvelles de désigner Dieu, conquirent bientôt ou peu à peu une existence isolée et indépendante, et comme Dieu est le type de tout, et que tout est rayon de sa gloire, on finit par donner à Dieu des milliers de noms, et par tout diviniser.

« Vous étonnez-vous encore du polythéisme et de la mythologie? dit Max Müller. C'est une sorte de parler enfantin de la religion. » Malheureusement la foule traduisait cette poésie symbolique en prose littérale.

La décomposition de l'idée divine était déjà commencée, mais n'était pas encore achevée à l'époque de nos plus anciens documents. Les dieux que nous trouvons dans ces siècles reculés n'ont pas encore une individualité fixe et déterminée. Ils se distinguent l'un de l'autre, mais se confondent aussi souvent l'un avec l'autre. On réunit quelquefois leurs noms ensemble, comme s'ils ne formaient qu'un seul être. Ainsi, en Egypte, Ammon, dieu de Thèbes, est un dieu différent de Râ, dieu d'Héliopolis. Il y avait cependant des invocations adressées à Ammon-Râ. Il en est de même en Babylonie pour Bel et Mardouk, en Phénicie pour Eshmoun et Melkarth.

Une fois commencée, cette décomposition ne s'arrêta plus. Après avoir transformé en autant de dieux les grands phénomènes de l'univers, l'aurore, les astres, puis les forces cachées de la nature, on divinisa jusqu'aux aspects différents d'un même phénomène, jusqu'aux actes et aux fonctions d'un même dieu, jusqu'à de pures abstractions telles que la Fortune, la Peur, la Pâleur. Nous voyons en Egypte, le soleil se multiplier suivant les heures du jour : il est Horus le matin, Râ à midi, Tum le soir, Osiris pendant la nuit. C'est toujours le soleil, et néanmoins ce sont des personnages distincts qui s'engendrent l'un l'autre. D'autres fois c'est le soleil vivificateur qui s'oppose au soleil cruel et destructeur, comme des divinités distinctes et même ennemies.

La plus singulière peut-être de ces décompositions est celle que nous trouvons à une très haute antiquité dans la religion romaine. Ce sont des dieux spéciaux imaginés pour tous les besoins de l'homme et dont les noms joints aux formules par lesquelles ils devaient être invoqués, sont conservés dans d'anciens registres sacerdotaux appelés *indigitamenta*. Il y a un dieu particulier pour chaque fonction. C'est le dieu *Vaticanus* qui fait pousser à l'enfant son premier cri, le dieu *Fabulinus* qui lui fait prononcer sa première parole, la déesse *Educa* qui lui apprend à manger, la déesse *Potina* qui lui apprend à boire. Lorsqu'il commence à marcher, quatre déesses le protègent, deux l'accompagnent quand il sort, *Abéona* et *Adéona*, deux le ramènent, *Terduca* et *Domiduca*. Les campagnes sont sous la protection de la déesse *Rusina*, les montagnes du dieu *Jugatinus; Collatinus* veille sur les collines, *Vallonia* sur les vallées. Les semences dans la terre sont protégées par la déesse *Séjo*, les blés mûrs par *Segetia*, les moissons recueillies par *Tutilinus*. Trois dieux gardent chaque porte : l'un *Forculus*, chargé de la porte elle-même, *Cardea* des gonds, *Lementinus* du seuil.

Et qui se trompait de dieu ou même simplement de nom divin, n'obtenait pas ce qu'il désirait. Suivant un proverbe connu, c'était folie de demander du vin aux Nymphes et de l'eau à Bacchus, et Varron nous déclare qu'il est aussi important de connaître le nom du dieu qui doit être invoqué en chaque circonstance que de savoir l'adresse du boulanger et du boucher.

Saint Augustin se raille de cette populace de petits dieux, il se demande comment les Romains osaient attribuer à leurs dieux la prospérité de leur empire quand ils les considéraient comme si faibles que quatre d'entre eux devaient s'unir pour faire les fonctions d'une seule nourrice, et trois pour faire ce que fait un portier humain.

Et pourtant cette multiplicité de petits dieux cache, transparente, l'idée d'un Dieu unique. Il paraît même qu'on aurait dit d'abord, *Divus Pater Vaticanus*, *Divus Pater Fabulinus*, Jupiter faisant crier l'enfant, Jupiter le faisant parler ; puis les épithètes seraient devenues des substantifs. Les premiers Romains semblent avoir eu le sentiment profond de la présence universelle de la Divinité. L'idée même de son unité restait confuse sous la pluralité des formes; les dieux ainsi distingués étaient prêts à se confondre de nouveau. Peut-être, si un mouvement philosophique avait eu lieu à cette époque, le développement du paganisme se serait-il arrêté; et quelque chose d'analogue s'est passé dans l'Inde et la Perse.

Mais le contraire se produisit en Europe où deux nouvelles étapes de l'évolution païenne, la transformation des dieux en hommes, puis en idoles, l'*anthropomorphisme* et l'*idolâtrie*, achèvent l'émiettement du *grand Un*, comme le nommaient les premiers Chinois. Alors la radieuse Aphrodite, la Céleste Aurore qui se lève sur l'âme et sur la mer, devint une femme et s'appela Vénus; l'Olympe se peupla de gens à scandaleuse histoire. Toute trace de l'unité s'effaçait, et presque du divin, dans cet athéisme anthropolâtrique.

En même temps les idoles multipliaient chaque dieu : on comptait jusqu'à 58 Apollons, 18 Bacchus, 61 Jupiter distincts, désignés par un nom particulier et exigeant un culte spécial.

Cette multiplication était logique; les dieux divers n'ayant été à l'origine que les décompositions de l'unité, pourquoi ne se serait-elle pas décomposée davantage? Pourquoi Apollon Lycien et Apollon Pythien ne seraient-ils pas devenus des dieux différents, Apollon dieu solaire lui-même étant déjà un dédoublement du dieu soleil Hélios?

Sans doute les philosophes pouvaient ne voir dans ces statues que des images de la divinité et des symboles de ses attributs; mais pour la foule, ces centaines d'idoles étaient des dieux véritables.

Et pourtant il y avait un temple au Dieu inconnu, et la grande aurore du Monothéisme allait se lever dans le sang des martyrs.

CHAPITRE IV

L'IDÉE DE DIEU

Quel que soit le nom, poétique ou abstrait, simple ou transcendant, populaire ou métaphysique, personnel ou général, masculin, neutre ou féminin, propre ou commun dont on le nomme; qu'on l'appelle l'Etre, comme les philosophes, ou le grand Esprit, comme les sauvages; le Seigneur comme David, ou l'Idéal, comme Renan; le Père, le Verbe, et le Saint-Esprit ou le Vrai, le Beau et le Bon; la Substance absolue ou le Juge des vivants et des morts; l'Axiome éternel qui se prononce au sommet des choses (Taine) ou la Lumière qui éclaire tout homme venant en ce monde (Saint Jean); l'universelle synthèse dans l'Unité infinie, ou notre Père qui êtes aux cieux; qu'on le nie ou qu'on l'affirme, qu'on l'unifie ou l'émiette, qu'on l'insulte ou qu'on l'adore, Dieu, l'idée de Dieu, plane sur l'humanité; elle est comme l'horizon de notre esprit et comme son ciel, elle est le fond de la pensée et de la poésie, de la raison et de l'amour, de la morale et de la logique, elle explique tout, et tout l'explique, elle est le confluent de tous les fleuves,

> Et l'Océan immense où tout vient s'engloutir.

Mais comment enfermer Dieu dans des définitions misérables? Hello, parlant de ce vague reflet divin qu'on appelle le génie, essaye de le définir, puis y renonce, parce que, dit-il, « le génie fait éclater toutes les formules. Il est tellement son nom à lui-même, qu'il n'en peut supporter d'autres. Son nom est le génie, son atmosphère est la gloire. Il refuse de se laisser enfermer dans une définition. Il brise tous les cadres. Il est le Samson du monde des esprits, et quand vous avez cru le circonscrire, il fait comme le héros juif, il emporte avec lui sur la montagne les portes de sa prison » (1).

Plus justement encore en est-il ainsi de l'idée de Dieu, la plus immense qui se puisse concevoir, la seule qui satisfasse totalement l'esprit large, l'esprit de synthèse et de conciliation universelle, dont elle est la réalisation vivante.

> Et dans l'urne où l'on veut mettre une telle idée
> On sent de toutes parts des fuites d'infini ! (2)

Car je comparerais volontiers, non seulement tous les dieux des mythologies, mais tous les êtres de l'univers à de petits systèmes étroits et

---

(1) Hello, *l'Homme*.
(2) V. Hugo, *Dieu*.

partiels, pareils à ceux où s'est morcelée, en s'y emprisonnant, la pensée philosophique intégrale. Pour avoir la philosophie complète, la vérité, il faut unir, concilier tous les systèmes. Pour avoir l'Etre complet, Dieu, il faut unir et concilier tous les êtres.

Il faut jeter à cet Océan tous les fleuves, mais délivrés de leurs rives, tout l'être de tous les êtres, dépouillés de leurs bornes et de leur néant. Dieu est la transfiguration infinie de toutes nos gloires et de toutes nos splendeurs : beauté, force, amour, vertu, grandeur, intelligence, lumière, printemps, éclat, douceur, poésie. Il n'est pas nous, parce que nous avons des bornes (nous ne sommes que peu), mais le peu que nous sommes, il l'est comme disent les mathématiques, à la puissance infinie.

Il n'est pas la matière, parce que, plus que nous encore, la matière est misérable; mais toutes les énergies, tous les resplendissements, toutes les solidités, toutes les souplesses, toutes les saveurs, toutes les gloires de la matière, tout ce qu'elle a chétivement, roule à flots dans son essence éternelle. Il n'est pas l'esprit humain, parce que l'esprit humain est petit, mais il en a toutes les pensées comme des gouttes dans l'Océan de sa pensée; tous les amours dans son abîme d'amour. Tout ce qu'une âme éprouve de ravissement devant l'infini de la mer — cette goutte d'eau, — devant les magnificences du soir

— cette étincelle, — tout ce qu'elle a senti ou pressenti jamais dans les extases du cœur, elle l'éprouverait devant Lui, devant Elle! car il est la splendeur de l'éternel féminin, l'éternelle grâce comme la force éternelle. Il est la virginité par essence et la fécondité infinie. Il est la conciliation universelle des faces opposées de tous les êtres. Il est tout, et il est tout à la fois. C'est a Lui que nos artistes rêvent, c'est de Lui que nos savants méditent, c'est à Lui qu'aspirent nos vertus dans leurs plus sublimes élans. Car il est l'idéal réel de toute chose et de toute aspiration. Tous les spectacles de la création et de l'humanité, de la nature ou de l'âme, ne sont que des esquisses décolorées de l'ineffable et immense Spectacle, du Spectacle qu'il contemple et qui est Lui. Toutes les harmonies de la musique et des mondes ne sont que des échos lointains et affaiblis du Concert qui s'écoute au plus intime de l'Etre, de ce concert qui est l'Etre harmonieux, car l'Etre est harmonie comme il est spectacle. Il est éclatant, dans tous les sens de ce mot. C'est l'éclat de la lumière harmonieuse, et cette lumière est pensée (c'est la Science), elle est sagesse (c'est la Morale), elle est splendeur (c'est l'Art), et plus haut que tout cela elle est sainteté (c'est la Religion).

Ils avaient raison, nos vieux ancêtres de l'Inde : Dieu est un Soleil, où sont fondus tous les rayons

CHAPITRE V

L'EXISTENCE DE DIEU

Dans la *Morte* d'Octave Feuillet, le héros, qui se pique de science, parle mélancoliquement du jour où dans la fuite des illusions enfantines il a vu s'évanouir à son horizon intellectuel la belle barbe blanche de ce vénérable vieillard que les religions, dit-il, appellent Dieu, et est devenu athée.

Il est à croire que si cet excellent homme s'était fait de la divinité un concept un peu plus large et profond, il serait allé moins vite à l'athéisme. On peut voir mourir un vieillard ou s'évanouir un fantôme, on ne voit pas disparaître le firmament. Car de même que l'idée de Dieu nous arrive de tous les horizons à la fois et ressemble à ce ciel qui nous enveloppe et qui est si bien son image que toutes les langues en ont uni le double sens en un mot, ainsi en est-il de l'existence de Dieu : les preuves en affluent de toutes parts et tous les vents de l'esprit nous en apportent.

Certes les arguments classiques, consignés dans les manuels et les livres, sont déjà sérieux et remarquables. Le travail de la pensée de tous les siècles a déposé là des trésors de réflexion profonde ou subtile. Néanmoins dans tous les siècles aussi, il y a eu des athées, et des athées moins superficiels que le héros d'Octave Feuillet.

C'est peut-être que si toutes les preuves données de l'existence de Dieu sont bonnes, aucune n'est irrésistiblement décisive, prise en sa valeur isolée et solitaire. La solidité en toutes choses est faite de cohésion, la philosophie de synthèse, et la certitude, selon le mot d'un grand esprit, est peut-être une addition de probabilités. Les probabilités, en s'additionnant, font la certitude, comme les hommes l'armée, et les pierres le monument. Le divin mot de la Genèse : Il n'est pas bon que l'homme soit seul », est un mot immense qui plane sur toutes choses, et la métaphysique pourrait le prendre en devise · il n'est pas bon qu'une idée soit seule. On a dit cependant, et avec autant d'esprit que de profondeur, que le progrès intellectuel consistait à diminuer le nombre de ses idées; c'est que diminuer le nombre de ses idées c'est les concilier et les fondre. c'est les unir jusqu'à l'unité. L'unité est partout : qu'est-ce que la famille? L'unité de l'homme, de la femme et de l'enfant. Qu'est-ce que la phrase? L'unité du nom, de l'adjectif et du verbe. Qu'est-ce que la musique? L'union des notes dans une harmonie. Qu'est-ce que la philosophie? L'harmonie des idées dans l'unité universelle. Dans le chaos, tout est épars : la raison voit l'ordre et l'unité, qui est le monde. La raison va des phénomènes aux lois, aux lois de moins en moins nombreuses et de plus en plus immenses; elle monte des faits aux causes, et des causes à la Cause. Car il en est des sciences comme des vertus dont un grand penseur, Numa Boudet, a dit : « Il ne suffit pas de tendre aux vertus, il faut tendre à leur unification et viser à leur sommet. » L'évangile a unifié toutes les vertus dans la Charité; de même toutes les sciences convergent à la Science, tous les arts à l'Art, toutes les vérités à la Vérité. Le génie, le progrès sont des synthèses. Ainsi l'on monte toujours et plus l'on monte, plus l'horizon s'élargit et se resserre l'unité. Ce ne sont plus seulement les petites lignes qui convergent vers les grandes, mais celles-ci qui se rapprochent entre elles. Ces vastes catégories de l'esprit humain, la Métaphysique, la Poésie, la Morale, qu'on oppose si souvent l'une à l'autre dans les bas-fonds de notre monde, sentent dans les hauteurs leur fraternité harmonieuse; le Vrai en s'élargissant se revêt de la splendeur du Beau, de la sainteté du Bien; le Bien s'illumine à son tour et sent sa philosophie profonde, sa beauté suprême, et l'Art agrandi s'agenouille transfiguré sur les sommets.

Et il en est de la vie comme des idées. La Vie en montant devient plus pure, plus abondante, plus lumineuse, et se rapproche de l'Idée elle-même. L'animal est plus vivant que le brin d'herbe, l'âme plus vivante, plus splendidement vivante que l'animal. L'esprit, qui semble une abstraction, l'esprit c'est la vie. La vie, qui a l'air d'une sensation, la vie c'est l'intelligence et l'amour. Et plus le génie ouvre ses ailes, plus il est amour, et plus l'amour est sublime, plus il est intelligence.

> Ah! frappe-toi le cœur, c'est là qu'est le génie!

Tout monte et se rapproche : la lumière, de la chaleur; l'idée, de la vie; le réel, de l'idéal. Tout se rapproche et en même temps tout se dilate, tout se noie dans l'infini.

Que signifie tout cela? De ce spectacle universel, quelle est la conclusion logique? Où vont tous ces rayons de beauté, de lumière, de vie, d'instinct, d'intelligence, d'amour, qui, brisés, disséminés, éparpillés, déformés, réfrangés en milliards d'êtres, constituent le monde, mais dont l'œil de notre raison suit la convergence indéfinie dans les hauteurs? Les parallèles se rencontrent dans l'infini, disent les mathématiques : plus évidemment encore les convergences doivent-elles se rencontrer. Ces rayons doivent tomber d'un point unique, foyer central comme le soleil, ou plutôt foyer immense de tous ces soleils où toutes les forces physiques qui s'agitent à la surface des planètes ont leur unité brûlante; foyer immense non seulement de tous les mondes, mais de toutes les idées et de toutes les vies, de tout le réel et de tout l'idéal,

> Gouffre prodigieux d'où sort une fumée
> D'êtres, d'hommes et de soleils ! (1)

Si cette Unité infinie n'existe pas, l'univers ment. Vous dites : « Cette Unité n'est peut être qu'idéale. » Mais alors où mettez-vous la source de l'être et du réel? Car il n'y a pas que des idées dans le monde, il y a des êtres. La synthèse absolue doit tout embrasser. Si vous placez l'idéal dans les hauteurs et la source de l'être dans les bas-fonds (2), vous scindez l'Unité, vous n'êtes plus un philosophe. Et votre Idéal lui-même n'est plus qu'une moitié d'Idéal, car une Perfection incomplète à qui manque le nécessaire même, la réalité et la vie, n'est plus une perfection. Cousin l'a dit : « Dieu est tout ou il n'est rien. » Sans doute Dieu est l'Idéal, mais c'est l'Idéal *Réel*. C'est la suprême rencontre de ces grandes lignes des choses, le réel et l'idéal, le confluent de ces deux grands fleuves universels. *C'est leur unité dans l'infini*. Et de la haute Vie absolue, jaillissent toutes les vies et tous les mondes, de même que de la suprême Idée, qui n'est pas autre que la Vie absolue, découlent toutes les

---

(1) Victor Hugo.
(2) Suivant le système de l'Evolutionnisme athée.

raisons des choses et toutes les lois des univers.

Vous dites encore : « Cette vie absolue n'est point personnelle; la synthèse infinie ne saurait être une personne. » Et en effet, si vous entendez par *personne* une réduction à 1 m. 70 de la raison et de la volonté, Dieu n'est point une personne; mais refuserez-vous au Grand Tout l'intelligence et l'amour? Or, c'est en cela que consiste la personnalité. La personnalité est la plus haute forme de l'être. L'homme est plus personnel que l'animal; le génie et la sainteté sont plus personnels que la raison et la vertu ordinaires. Dieu doit être la personnalité infinie, l'idéal du monde dans l'absolu de la personne (1).

Tel est le Dieu de l'esprit large, s'étendant d'un pôle à l'autre de l'idéal et de la réalité, de l'universel absolu à la personnalité transcendante. Une syllabe exprime tout cela : l'Etre.

L'Etre : Voilà le nom de Dieu.

L'Etre est : Voilà l'existence de Dieu.

L'existence ne fait qu'un avec son nom, comme tout ne fait qu'un en lui. Il est l'indivisible et magnifique Unité. L'univers est son reflet, brisé et innombrable; la Logique, la Poésie, la Vertu, l'Ordre immense des choses, l'Instinct sublime des animaux, ne sont que des formes de sa présence.

Tout est vibration de ce Soleil.

---

(1) Voir ma brochure : *Aperçu nouveau du catholicisme*, (Lyon, Phily), où je synthétise et concilie les systèmes opposés sur Dieu, avec leurs contradictions apparentes.

Il est, puisque la raison veut la Cause; puisque la morale veut la Loi, puisque le borné veut l'Infini, puisque l'âme veut l'Eternité. Il est, puisque l'esprit, le cœur, la conscience, la prière, l'enthousiasme, la pureté, la douleur veulent qu'il soit. Il est la satisfaction synthétique des exigences réunies de toutes nos facultés supérieures, aussi bien que l'aboutissant suprême de toutes les directions de la pensée.

Les petits esprits peuvent discuter son existence, les *bons esprits* peuvent la prouver : elle est, pour l'esprit large, au-dessus des discussions et des preuves. Pourquoi? Parce que l'idée de Dieu, précisément, réalise, *à la puissance suprême* comme disent les mathématiques, le vœu philosophique de l'esprit large; parce que Dieu, c'est la Philosophie de l'esprit large vivante et en personne! *Deus est omnia eminenter*, dit saint Thomas. Dieu est la perfection de la synthèse universelle, l'infini de tout, l'Infini! La conception intellectuelle ne peut s'enfler au delà : la Largeur d'esprit est satisfaite (1).

(1) Et pourtant Hégel a raison, et le mot fameux, « l'être c'est le néant » est juste, *appliqué au monde*. La science dissèque la matière et la voit s'évanouir. Kant jette au creuset la raison humaine, et rien n'en reste. L'être universel est vraiment *l'être néant*, il est et n'est pas. Or tel est bien le caractère du *Reflet*, cette chose tremblante qui n'est rien *par elle-même*. Le monde est le reflet, le mirage de l'Etre qui seul *est* absolument. Le monde n'a qu'une valeur de symbole.

CHAPITRE VI

DIEU ET LE MONDE

LES RELIGIONS PANTHÉISTES

Pendant que l'Europe, à partir de l'unité primitive, aboutissait à travers le polythéisme à *l'idolâtrie*, l'Asie à partir de la même unité et à travers une première couche de polythéisme analogue, aboutissait au *panthéisme*. Tandis que les races pratiques et actives de l'Occident s'agitaient dans le détail des idées et des dieux, l'Orient rêveur et grandiose s'endormait dans leur vague confusion.

Les deux résultats ne sont peut-être très différents qu'en apparence. A Rome même, Héliogale, en présence des mille dieux de l'Empire, ne rêvait-il pas une synthèse analogue, et le Panthéon n'est-il pas, comme le mot l'insinue, un essai de Panthéisme? Quand *presque tout est dieu*, il n'y a plus qu'un pas à faire pour dire : *tout est Dieu*. Le panthéisme est l'idolâtrie consommée, l'idolâtrie immense et profonde et rendue philosophique par cette profondeur et par cette immensité.

Le type des religions panthéistes est la religion de l'Inde ancienne, le Brahmanisme, un des quatre ou cinq grands cultes qui se sont partagé le monde

Qu'est-ce que Brahma? C'est l'être unique et le premier principe; mais est-ce un créateur? Ce n'est certainement pas comme Jéhovah un créateur distinct du monde .Seulement quelquefois il semble que ce soit un être intelligent qui ferait sortir le monde de sa substance; plus souvent c'est une force aveugle. Néanmoins c'est l'être unique; lui seul existe, les autres êtres ne sont que des phénomènes et comme un rêve de Brahma. Quand il s'endort complètement, le monde disparaît; quand il s'éveille et commence à penser, l'univers renaît. Dans un grand nombres de passages, Brahma est considéré comme un être sans attributs; c'est alors un panthéisme équivalent à l'athéisme.

La morale est conforme au dogme. C'est l'absorption dans l'Etre unique. L'existence individuelle n'étant qu'une illusion, le sage s'efforce de secouer les fantômes sensibles, d'échapper au tourbillon des existences passagères pour abdiquer sa propre personnalité elle-même dans l'unité de l'Etre impersonnel et absolu. « La délivrance de l'âme », voilà l'objet de l'étude des Brahmanes, le thème des discussions, des tournois littéraires et philosophiques à la cour des Rajahs de l'Inde. Détacher l'âme de toute chose et de sa vie propre et la laisser isolée sans passion, sans action, sans jouissance et sans peine, pour la fondre dans Brahma, tel est le but. De là les mortifications effrayantes et insensées des fakirs, de ces ascètes qui s'imposent de rester des mois et des années dans une même posture, laissant leurs ongles croître dans leur chair, végétant nus dans les forêts ou demeurant exposés des journées entières au soleil des tropiques.

Aspiration à la fois sublime et misérable vers la sainteté par le sacrifice. Sublime comme l'élan vers l'absolu ; misérable, puisque cette âme qui s'élance et qui s'est vidée elle-même, n'emporte que son vide dans le vide infini.

Morale de l'anéantissement de l'homme sous le dogme de l'anéantissement de Dieu. Car le Dieu des panthéistes, qui ne fait qu'un avec le monde, est bien près de se confondre avec l'inertie et le néant. N'est-ce pas lui, l'être-néant de Hégel? C'est pourquoi le dernier mot du Brahmanisme et du Panthéisme en général, dont le Brahmanisme est l'expression religieuse, me semble avoir été dit par le Bouddhisme, qui l'a supplanté victorieusement dans toute la Chine et une partie de l'Inde.

Le Bouddhisme, la religion athée et nihiliste, ne reconnaît pas d'Etre suprême et ouvre à l'homme, comme dernier terme de ses aspirations supérieures, après les fatigues des vies multiples et successives, le Nirvana, le grand néant céleste et infini ou la fusion dans l'impersonnel (1).

> Et toi, divine Mort, où tout rentre et s'efface,
> Accueille tes enfants dans ton sein étoilé ;
> Affranchis-nous du temps, du nombre et de l'espace,
> Et rends-nous le repos que la vie a troublé (2).

Il est bon d'observer qu'à ces religions panthéistes et abstraites de penseurs et d'ascètes, le peuple superposa de bonne heure des créations polythéistes et vivantes, telles que le culte de Çiva et de Mithra et des Bouddhas passés ou futurs; car tandis que les penseurs et les philosophes, incomplets dans leurs spéculations grandioses, semblaient refuser au Divin la Vie et la Personnalité, celles-ci se réfugiaient dans l'imagination populaire qui en animait des idoles. De ces deux moitiés de Dieu, si j'ose dire, qui sont l'Absolu et la Personnalité, les lettrés prenaient la première et en faisaient du Panthéisme, le peuple s'emparait de la seconde et en faisait de l'Idolâtrie. Et (triste conséquence de cette scission de Dieu, de cette déchirure de l'Infini), tandis que l'Absolu s'évaporait en néant dans les hauteurs, la Personnalité s'abaissait et s'émiettait dans la fange. C'est l'histoire de l'esprit humain, ce déséquilibré sublime, qui disloque toujours

---

(1) Telle est du moins l'interprétation obvie et ordinaire du Bouddhisme. Je sais que la théosophie a raffiné tout cela.
(2) Leconte de l'Isle.

par quelque bout la magnifique pondération de l'Idée totale. De cette étroitesse de conception procèdent les erreurs, les hérésies et les systèmes, les abstractions d'une part, les grossièretés de l'autre. Le Panthéisme a sa grandeur et répond avec des apparences de profondeur au besoin le plus philosophique de l'esprit, le besoin d'unité. En face de cette dualité mystérieuse, Dieu et le monde, il imagine un être vague, à la fois divin et cosmique, et absorbe tout en lui. C'est la confusion, mais simple et grandiose. D'autres systèmes viendront, qui, pour plus de clarté, supprimeront l'un des deux termes en présence, Dieu ou le monde, et feront l'unité à leur tour, non plus par confusion, mais par négation de l'un des éléments du problème.

Sans doute le problème est ardu, mais l'esprit large ne saurait le résoudre ni par une négation mesquine, ni par une confusion obscure. Il posera les deux termes dans toute la force de leur précision contradictoire, en les conciliant dans l'harmonie d'une unité supérieure qui maintiendra leur distinction en les subordonnant l'un à l'autre.

La théorie simple et profonde du Dieu créateur est celle qui satisfait le mieux toutes ces exigences délicates de la pensée large et complète, car elle sauvegarde à la fois la transcendance sublime du divin et l'existence propre du monde, en reliant le borné à l'Infini, non seulement comme l'effet à la Cause, mais comme le reflet à la Substance.

Le monde est le reflet de l'Etre dans le néant, et le reflet de l'Etre est /un être encore : le monde existe; mais il n'a qu'une réalité de reflet et qui ne saurait nuire (car il la manifeste au contraire), à la réalité transcendante de l'unique et véritable Infini.

Tel est le Panthéisme supérieur, qui ramène tout à Dieu sans rien détruire, ni Dieu ni le monde, qui fait communier les penseurs et les foules au même culte de la Perfection vivante, de l'Absolu personnel, devant qui le simple peut s'agenouiller la prière aux lèvres, et le sage méditer dans l'extase ou la science, sans se mutiler lui-même ni des exigences de sa pensée ni des désirs de son cœur.

CHAPITRE VII

DIEU ET LA LIBERTÉ
LES RELIGIONS FATALISTES

« Dieu seul est Dieu, et Mahomet est son prophète », crie une voix du haut des minarets Maures à toutes les heures du jour et de la nuit, tandis que le croissant brille dans le ciel et le cimeterre au poing des conquérants du monde.

Voici une religion qui est l'antipode vivante, l'antithèse aiguë, de celles dont nous venons de parler. L'Islamisme est l'adversaire déclaré du Polythéisme et des idoles, le champion farouche et fanatique de l'unité de Dieu. Mais tandis que le solitaire de l'Inde, le moine Bouddhiste ou Brahmane, noyant cette unité dans le grand tout panthéiste, s'abîme dans la contemplation rêveuse d'un Infini vague et impersonnel, le soldat de Mahomet pose avec une vigueur et une précision militaire la Personnalité Divine au-dessus du monde et de l'homme, au point que l'Absolu semble disparaître devant le Dieu des armées, dont l'infini ne se reconnaît plus que dans sa puissance.

Allah est, avant tout, *le Dieu fort* et à qui rien ne résiste. C'est à la victoire que le musulman reconnaît Dieu et le fait sentir aux autres. Aussi, comme le remarque ingénieusement un auteur, la conversion par le sabre qui ne ferait que des chrétiens hypocrites, fait-elle des musulmans fanatiques et sincères.

Cette souveraineté de la Force est exprimée d'une manière frappante dans certaines objections posées par les musulmans au christianisme. Il y a, disent-ils, trois législateurs, Moïse, Jésus Christ et Mahomet. Mais Jésus-Christ est inférieur aux autres, il s'est laissé prendre et crucifier, c'est donc une folie de croire en lui.

De ce culte exclusif et passionné de la Force Divine, dont l'homme n'est plus en quelque sorte que l'instrument aveugle et passif, le Fatalisme est né chez ces races à la fois indolentes et fanatiques. Le Tout-Puissant absorbe en lui toutes les énergies créées, ou les inspire à son gré de son irrésistible puissance.

De là ces alternatives de longues paresses et d'élans formidables, ce mélange de mollesse et de fureur qui constituent la vie de ces peuples. Comme l'hindoue fait du monde un simple rêve de Brahma qui dort, le musulman met l'homme comme un jouet dans la main d'Allah qui triomphe.

Et, certes, ces excès divins peuvent être, si l'on veut, profondément philosophiques. Car il y a une façon profonde d'entendre les erreurs qui en font des vérités. Il y a un panthéisme supérieur qui est la plus noble des philosophies, il y a un fatalisme supérieur qui est la plus haute des sagesses. Le monde et l'homme sont comme un néant devant Vous, dit l'Ecriture chrétienne à Dieu, et peut-on accorder trop à l'Etre infini? Mais il y a une façon étroite et grossière d'entendre le Panthéisme et le Fatalisme et de les pratiquer — qui en fait des erreurs et des vices

Car ils ne doivent pas exclure leurs contraires : la création et la liberté. Tout se concilie, dans une harmonie suprême. Le monde, loin de borner l'Etre unique, le chante et le proclame; la liberté de l'homme, loin de gêner le Tout-Puissant, le sert dans une noblesse et une dignité qui l'honore. Elle sert Dieu, ou sans la toucher, Dieu s'en sert, et arrive à ses fins par les sentiers de ses ennemis.

Il n'y a qu'*un* Etre, soit, il n'y a qu'un Etre au sens plein du mot, *mais il est parfait* — plus parfait, plus grand, plus fort que ne le rêvent le panthéisme et le fatalisme vulgaires. Il est parfait *au point de* pouvoir tout faire, *même créer* : de là les êtres partiels qui imitent inférieurement quelque chose de sa réalité supérieure. Il peut tout, et *même* tirer de lui les mondes *et leur communiquer une existence propre;* il peut tout et même tirer de lui les esprits et *leur communiquer une existence libre.* Il est tout, et ce qu'il crée n'est pas lui. Il peut tout, et ce qui sera voulu ne le sera pas par lui! *C'est l'infini de la puissance.*

CHAPITRE VIII

DIEU ET LE MAL

LES RELIGIONS DUALISTES

Au regard de la raison profonde, comme de la foi religieuse, ce n'est pas Dieu qui est le mystère et le miracle. Dieu, c'est l'Etre normal et régulier, l'être *à l'état de nature*, si j'ose dire. Le miracle c'est le monde, le mystère c'est la liberté.

Mais il est un prodige plus grand que la liberté et le monde : c'est le mal.

Le Mal? Mot étrange qui sonne faux dans le dictionnaire de l'Etre! Mal si évident, si formidable, qu'une des plus monothéistes religions de l'Antiquité Orientale en a fait un Dieu, un second Infini qu'elle a posé en face de l'autre, comme pour un duel gigantesque qui ensanglanterait l'éternité. Ormutz et Abriman, nous dit le Zend-Avesta, livre sacré de l'antique Perse, sont les deux Principes, l'un de la lumière et du bien, l'autre des ténèbres et du mal.

La création tout entière est divisée en deux partie : l'une bonne, appartenant à Ormutz; l'autre mauvaise, œuvre d'Ahriman. Il faut détruire les œuvres d'Ahriman ; les prêtres Zoroastriens sont armés de bâtons pour tuer les serpents et autres animaux impurs. Il faut respecter les créatures d'Ormutz; tuer la loutre, animal pur, est un crime impardonnable.

L'eau, la terre et le feu, éléments purs, doivent être respectés. Or ils seraient souillés par le contact d'un cadavre; de là l'usage étrange d'exposer les morts, pour qu'ils soient dévorés par les oiseaux ; les enterrer ou les brûler serait souiller la terre ou le feu. De là aussi le caractère d'impureté appliqué à certaines professions : tous les artisans qui taillent la pierre ou emploient le feu, étant déclarés violateurs de la pureté des éléments, étaient considérés comme des parias.

Nous retrouvons chez les Manichéens, dont saint Augustin fut l'adepte avant sa conversion au christianisme, la même croyance aux deux principes opposés et éternels; croyance qui se poursuit dans la secte des Albigeois au moyen âge, et dans le Luciféranisme moderne.

> Les Manès frissonnants, les pâles Zoroastres,
> Voyaient deux grandes mains qui déplaçaient les astres
> Sur le noir échiquier (1).

Et certes, cette vision grandiose et formidable n'est peut-être pas purement imaginaire.

Tout ce qui a de la grandeur a de la vérité.

---

(1) Victor Hugo.

Comme le panthéisme, comme le fatalisme, le dualisme philosophiquement entendu, doit correspondre à quelque face de la réalité supérieure; mais tel quel, il force la note et la fausse, et fait une erreur de la vérité dont il abuse. Car tout doit s'harmoniser et non se détruire. Si puissante que soit la dualité des choses, elle ne saurait empiéter sur les droits de l'Unité infinie.

Dieu est Dieu, comme dit Mahomet, et si le Mal peut être son singe redoutable et son prophète à rebours, il ne saurait être son égal et son concurrent de divinité.

Au fond, qu'est-ce que le mal? *Le défaut*, le manque, l'exclusion, *rien*.

Le mal absolu n'existe pas, car c'est le néant. Il n'y a pas de Dieu du Mal.

Pris dans les êtres bornés, qui seuls ont pu lui donner naissance par la lutte de l'être et de la limite en eux, le mal est la complaisance de l'être dans sa limite, c'est le rétrécissement volontaire de l'être, c'est la tendance au néant.

Mais cette tendance peut exister, réelle et redoutable, dans un être puissamment perverti et retourné contre l'Etre. Au-dessus même de l'homme, toutes les religions croient à l'existence d'esprits bons ou méchants (Devas, asuras, génies, démons, etc.), et l'Eglise chrétienne donne à Satan, qu'elle appelle le prince de ce monde, le premier trône après Dieu.

Satan est le dogme conciliateur du Dualisme Zoroastrien et de l'Unité Divine; c'est le vieil

Ahriman persan, le Dieu mauvais des Manichéens, mais mis à sa place philosophique dans la discordante harmonie des choses, et rendant la note *juste* et puissante du Mal dans le concert universel.

Mais puisque nous parlons de conciliation des divers éléments religieux, et de mise au point des idées dans cette grande synthèse, pourquoi, s'il y a un panthéisme sublime, un fatalisme sage, un dualisme raisonnable, n'y aurait-il pas — je vais plus loin — un polythéisme orthodoxe? Je parle, bien entendu, d'orthodoxie philosophique. Comme toutes les autres, l'idée polythéiste n'a-t-elle pas sa place dans le vaste accord du vrai? Toutes les religions, disais-je, ont cru à des êtres supérieurs à l'homme. Et certes, à ne voir même que rationnellement les choses, il faudrait être doué de bien peu de philosophie ou de beaucoup d'orgueil pour lever un regard vers les espaces étoilés de mondes ou vers les cieux plus brillants encore de l'esprit pur possible, sans croire que la puissance infinie ait dû y déployer les splendeurs de créations plus glorieuses que nos chétives personnes. Pour Dieu sans doute ce ne sont que des créatures, mais pour nous, mortels, ce sont des dieux.

Et c'est le vrai polythéisme, celui qui n'exclut pas son contraire, le monothéisme, mais le suppose et le fortifie, celui qui a son reflet dans nos sociétés profanes par le culte des grands hommes, et sa perfection religieuse dans le christianisme catholique par le culte des anges et des saints.

Nous allons maintenant pénétrer dans le Temple et dans la Religion proprement dite. Car nous n'avons fait jusqu'ici qu'en étudier les abords, en reconstituant par la méthode synthétique de l'esprit large et conciliateur, les deux éléments essentiels de la religion : l'homme et Dieu (1). Mais ces deux extrêmes s'attirent, et la religion même c'est leur rencontre; le temple, c'est leur union cimentée. Toutes les splendeurs, toutes les étoiles, toutes les magnificences pressenties de l'Etre, appellent l'homme vers le ciel; toutes les pauvretés, toutes les souffrances, toutes les faiblesses, tous les désirs, appellent le divin sur la terre.

> Ah ! si nos angoisses mortelles,
> Jusqu'à Toi peuvent parvenir,
> Si dans les plaines éternelles
> Parfois tu nous entends gémir,
>
> Brise cette voûte profonde
> Qui couvre la Création,
> Soulève les voiles du monde,
> Et montre-toi, Dieu juste et bon ! (2)

---

(1) Je dis *reconstituer*, parce que chaque système n'en donne qu'une idée partielle.
(2) Musset.

LIVRE III
L'HOMME-DIEU

LIVRE III

L'HOMME-DIEU

CHAPITRE I

IDOLATRIE ET RAISON PURE

L'union, le mariage mystique de l'homme et du divin, qui constitue la religion positive, a son prélude, ses vagues et poétiques fiançailles, dans ce qu'on nomme, à tort peut-être, la religion naturelle. Je dis à tort peut-être, car aucun peuple ne paraît s'en être contenté, et en ce sens elle est la moins naturelle des confessions religieuses. C'est qu'en effet dans ce qu'on est convenu d'appeler la *nature* ou la *raison*, Dieu ne livre pas sa propre essence.

Conçu comme Créateur ou comme Absolu, comme Législateur ou comme Idéal, il maintient entre notre poussière et lui l'espace insondé du ciel à la terre et l'incommensurabilité de l'infini.

> J'avais devant les yeux les ténèbres ; l'abîme
> Qui n'a pas de rivage et qui n'a pas de cime,
> Etait là, morne, immense, et rien n'y remuait.
> Je me sentais perdu dans l'infini muet.
> Au fond, à travers l'ombre, impénétrable voile,
> On apercevait Dieu, comme une sombre étoile.
> Je m'écriai : « Mon âme, ô mon âme, il faudrait
> Pour traverser ce gouffre où nul bord n'apparaît
> Et pour qu'en cette nuit jusqu'à ton Dieu tu marches,
> Bâtir un pont géant sur des millions d'arches !
> Qui le pourra jamais ? Personne : ô deuil, effroi !
> Pleure. Un fantôme blanc se dressa devant moi....
> Ses mains en se joignant faisaient de la lumière,
> Il me montra l'abîme où va toute poussière,
> Si profond que jamais un écho n'y répond,
> Et me dit : « Si tu veux, je bâtirai le pont. »
> Vers ce pâle inconnu je levai ma paupière,
> « Quel est ton nom », lui dis-je. Il me dit : « La Prière » (1).

Mais la prière, ce n'est point encore assez, car si le pont franchit l'abîme, il ne le supprime pas. L'homme veut plus : il veut la présence réelle du divin dans sa fange, fut-ce en une idole de bois taillée de ses propres mains dans le chêne de la forêt. L'incarnation, la matérialisation même de la divinité, a été toujours et partout un des besoins de la nature humaine, et Dieu sait dans quels bas-fonds le plus souvent elle a traîné se besoin sublime.

Certaines tribus de l'Afrique gardent au fond d'un sanctuaire un tigre orné de fétiches : on lui

---

(1) Hugo, *les Contemplations*.

offre des moutons, des volailles, du maïs; on exécute des danses en son honneur. Ailleurs c'est le crocodile qui est l'animal sacré; agiter une lance au-dessus des eaux qu'il habite est un crime capital. L'ours est une divinité dans le Nord, le jaguar au Brésil, le crapaud dans l'Amérique du Sud. Telle peuplade vénère l'araignée; d'autres voient dans les fils de la Vierge le chemin que trouvent les âmes des fidèles pour aller au ciel, aussi se font-ils scrupule de les rompre.

Une pierre noire était, avant Mahomet, la divinité des Arabes. D'après Hérodote, les Scythes adoraient un sabre de fer. Les Vétiens ont un respect superstitieux pour certain bâton. Ici, c'est une barre de fer qui reçoit les honneurs divins; là ce sont deux plats d'argent, ailleurs c'est un anneau destiné à être passé dans les cartilages du nez; ailleurs encore, c'est une cresselle; le Père Loyer a vu adorer le roi de cœur d'un jeu de cartes.

« L'histoire des religions, écrivait M. Ludovic Carrau dans la *Revue des Deux-Mondes*, n'est guère que celle des superstitions du genre humain... Et pour toutes ces divinités impuissantes et ridicules, l'humanité se prend de terreurs indicibles; elle se déchire elle-même, elle couvre la terre de massacres et de sang. »

Certes, je comprends après ces faits, la superbe révolte de la raison émancipée, et le grand mouvement rationaliste — allant jusqu'à l'athéisme parfois — qui est la réaction de l'esprit moderne contre l'esprit d'idolâtrie qui constitue l'antiquité. Je comprends le radicalisme des négations et des blasphèmes, et l'énergique redressement de l'échine humaine ployée, des siècles durant, devant un caillou ou un animal : l'excès appelle l'excès. Mais la Pensée (le mot l'indique), est une *pensée;* le penseur est celui qui tient compte de tout. Rationaliste, lui aussi, mais au sens large et non voltairien du mot, il saisit *l'âme de vérité* cachée sous les erreurs et les puérilités de surface, et sent qu'un fait aussi humain et aussi universel que l'idolâtrie, a sa raison et son mystère.

Le paganisme est le rêve de la Religion, et souvent son cauchemar. « Tout s'y succède, remarque fort bien Renan, comme dans les visions d'un sommeil troublé où toutes les images cachées dans les replis de la fantaisie humaine, apparaissent tour à tour. »

Mais si de tels faits monstrueux sont, selon le mot d'Emile Montaigut, « les grimaces et les contorsions de l'esprit religieux dévoyé et égaré », la grimace prouve du moins la figure, et démontre la réalité non seulement de l'esprit religieux mais du besoin qu'a l'homme d'un Dieu incarné sous une forme sensible.

A la même idée que l'idolâtrie se rattache le fétichisme, avec cette variante que le fétiche n'est pas un dieu, mais un simple intermédiaire, une sorte de sacrement de la divinité. L'usage a réservé ce nom de fétiche à ces objets inanimés que les sauvages portent ordinairement sur eux et auxquels ils attribuent un pouvoir surnaturel.

C'est, pour ainsi parler, un otage de la Divinité que l'homme tient entre ses mains, comme un billet à ordre que le dieu s'est engagé d'honneur à ne pas laisser protester.

Les faits innombrables et merveilleux du spiritisme — du spiritisme de tous les temps — permettent d'ailleurs de supposer que ces pratiques superstitieuses pouvaient avoir, quoiqu'en pensent les théoriciens d'un rationalisme étroit, leur efficacité et leur puissance. — ce qui expliquerait, par des contrefaçons de miracles, la naissance et la vie prolongée d'un culte aussi puéril en apparence que celui des idoles.

Je sais que pareils faits peuvent rencontrer bien des incrédules. Pourtant la magie, l'occultisme, la sorcellerie de tous les âges, nous en offrent des milliers d'analogies, authentiquement constatés, et, quelles qu'en soient d'ailleurs les causes, l'esprit large ne saurait exclure aucune catégorie de faits au nom d'un principe quelconque, car la science, comme l'a dit Vacherot, ne connaît d'autre orthodoxie que la vérité.

Toujours est-il que, dans la croyance au moins de ceux qui s'y livrent, ces pratiques sont des actes religieux, des relations de l'homme au divin manifesté par signes sensibles, des interventions d'une puissance invoquée et évoquée, — et il ne faudrait pas croire que cette religion-là soit morte au souffle de l'incrédulité moderne. Elle y fleurit au contraire. Ces deux extrêmes se coudoient et se complètent : la raison pure, la science athée, d'une part; la magie et toutes les formes basses du mysticisme, de l'autre. Je lisais l'autre jour en un journal parisien :

« Cela devient de plus en plus évident : le culte du mystère est fort à la mode. Dans le monde, dans la rue, au théâtre, au restaurant, en chemin de fer, sur les plages, l'occultisme règne en maître. On ne peut faire un pas sans rencontrer un mage », et les rues de nos grandes villes athées, comme les colonnes de nos journaux « libre-penseurs » pullulent de sorcières et de devineresses. Le roi de cœur a ses croyants, comme le gui et le trèfle à quatre feuilles.

Les journaux et les revues qui s'occupent aujourd'hui d'une manière exclusive de l'occultisme et du spiritisme, sont de plus en plus nombreux. C'est en France le *Lotus Bleu*, la *Lumière*, l'*Aurore*, le *Voile d'Isis*, l'*Echo du Merveilleux*, la *Revue du Monde invisible;* en Allemagne, le *Sphynx;* en Espagne le *Critérium spirite;* en Italie, l'*Etendard spirite;* en Belgique, le *Flambeau;* à Lisbonne, le *Psychisme;* dans l'Inde, le *Théosophe*, pour n'en citer que quelques-uns.

« Au Nouveau Monde, écrit M. Bosc, c'est par centaines que paraissent les journaux et les revues spirites, rien qu'à Chicago, à New-York et à Buenos-Ayres. »

La contagion du merveilleux a gagné la foule, et c'est par milliers que l'on compte aujourd'hui à Paris, dans la province, en Europe, les esprits inquiets, désenchantés, qui se livrent aux pratiques du spiritisme et de l'occultisme, ou qui cherchent jusque dans les ténèbres et les troublantes émotions de la magie noire la satisfaction des instincts religieux de notre nature humaine. Lucifer a des autels en plein Paris.

Pendant ce temps, dans les sphères supérieures, la Science règne, athée et froide, sorte d'abstraction divine.

C'est la scission du divin.

CHAPITRE II

ÉBAUCHES DE L'IDÉE RELIGIEUSE

Entre la piété irrationnelle, magique, idolâtrique mais vivante, qui rapproche l'homme, en le rabaissant, d'un divin suspect ou imaginaire, — et la hauteur froide d'un athéisme ou d'un déisme rationaliste et abstrait qui ne saurait suffire à l'homme puisqu'il ne suffit pas à l'âme, il y a bien des degrés philosophiques ou religieux, à mi-côte de la conciliation parfaite.

Voici par exemple l'athéisme pieux d'Ernest Renan qui nous dit :

« La religion c'est la sainteté des choses »...
« La vraie théologie, c'est la physique, la physiologie, l'histoire — prises d'une façon religieuse. »
« La religion de l'avenir sera le pur humanisme, ce sera le culte de la nature humaine et de la beauté des choses. » (*Renan, l'Avenir de la science*) (1).

---

(1) Le *culte de l'humanité* d'Auguste Comte, *la religion de l'avenir* de Hartmann, la *religion de l'amour* de Michelet, la *religion de la beauté* de Ruskin, l'idolâtrie de la science, le naturalisme, le monisme, l'évolution, le socialisme, sont des applications de cette idée de Renan, qui résume assez bien la religion moderne. Car toute époque est religieuse.

Voilà, certes, une conception qui rapproche singulièrement la divinité de la terre, puisque le divin est ramené à l'humanité et à la nature. C'est bien la fusion rêvée, — mais, hélas, par la suppression pure et simple de l'un des termes de l'union.

La pensée de Renan sur Dieu, se résume en une *religion anthropologique*.

L'homme *fait* Dieu, l'homme *crée* Dieu en le pensant. Dieu c'est pour lui le type le plus élevé de la science, de l'art; c'est le vrai qu'il conçoit, c'est le beau qu'il imagine; c'est tout cela, mais ce n'est pas un être. C'est tout cela, mais ce n'est pas une réalité distincte de nous qui pensons; c'est l'esprit de l'homme réfléchi dans ce qu'il y a de plus grand, c'est le cœur de l'homme réfléchi dans ce qu'il a de plus pur. C'est toujours l'esprit et le cœur de l'homme. C'est toujours l'homme. » — tandis qu'à l'opposé, le Dieu des Juifs et des Musulmans est toujours et exclusivement Dieu. Ce sont les deux extrêmes.

Feuerbach, cité avec admiration par Vacherot, a l'athéisme non moins religieux que Renan.

« La nature, dit-il, n'entend pas les plaintes de l'homme, elle est insensible à ses souffrances; aussi l'homme se détourne loin d'elle, loin des objets visibles en général; il rentre dans son monde intérieur, pour que là enfin, dérobé à la vue d'une insensible puissance, il puisse trouver quelqu'un qui l'écoute et qui le console. Là il exprime les secrets qui le tourmentent, là il fait jour à son cœur oppressé. Ce jour libre pour le cœur, ce secret révélé, cette douleur morale exprimée, c'est Dieu. Dieu c'est une larme d'amour versée loin de tous les regards sur les malheurs de l'homme. Dieu est un indicible soupir caché au fond de l'âme humaine ».

Quelle sublime vérité sous cette erreur! Si les larmes humaines ne sont pas Dieu, du moins cet ineffable soupir ne pourrait-il incliner Dieu jusqu'à l'homme ?

Toutes les religions ont fait ce rêve : le Dieu-Homme, le Dieu avec nous. Les Olympes sont peuplés d'hommes-dieux. Mais hélas! depuis l'Indien Maha-Brahma, le souverain des régions supérieures invisibles dont le corps a 50 lieues de long et dont la vie dure des milliers d'années, jusqu'à Jupiter, Mars et Vénus, leurs adultères et leurs querelles de ménage; depuis le débauché Civa, ascète et brigand, jusqu'à Bacchus ivrogne et Mercure voleur, tous ces êtres plus adorés que respectables, qui flottent à la hauteur des nues au-dessus de l'imagination populaire, ne nous offrent de l'homme et de la divinité que des images troubles et inférieures, et si cet ineffable soupir dont parle Feuerbach a pu faire descendre un Dieu, ce n'est certainement pas là qu'il faut le chercher.

L'union de l'homme idéal et du vrai Dieu adorable, de l'Absolu vivant fait chair sans cesser d'être l'Absolu et l'Eternel, cette idée apparaît d'ailleurs, quand on y songe, tellement prodigieuse et impossible, qu'aucune religion monothéiste, c'est-à-dire ayant de la personnalité et de la grandeur divines une conception suffisamment vaste, ni le judaïsme, ni le mahométisme, n'a osé l'atteindre, et que, dans ces cultes, c'est un intermédiaire, le *prophète*, qui se dresse entre la terre et le ciel; — *l'homme de Dieu seulement*, mais non l'Homme-Dieu.

Cependant les prophètes d'Israël annonçaient la venue d'un Messie mystérieux qui serait le Dieu avec nous, et voici que depuis dix-neuf siècles une religion étrange, le christianisme, propose à la foi du monde civilisé qu'elle a conquis, le sublime paradoxe de l'Homme-Dieu véritable, du Dieu Unique et Personnel, incarné dans la perfection de la nature humaine.

Mais le Bouddhisme aussi et l'Islamisme et d'autres cultes ont conquis le monde, le Bouddha aussi est vénéré comme le libérateur, et l'Orient pullule d'Incarnations Divines. Examinons donc les titres de ces divers Messies au point de vue qui nous intéresse : la Synthèse philosophique, la religion de l'esprit large.

CHAPITRE III

LES MESSIES

Où est-il, l'Homme-Dieu véritable, qui reliant le ciel au limon, le Verbe à la chair, réalise le rêve populaire et universel d'une religion humano-divine, parfaitement divine et parfaitement humaine, par l'union intime de notre nature avec la divinité ?

Un seul culte, je le répète, a osé cette conception et cette affirmation étrange, dans la crudité dogmatique de sa formule hardie : *Et Verbum caro factum est.* Mais tous en ont eu comme le pressentiment vague et le désir instinctif.

Tantôt c'est l'homme qui veut monter par ses propres forces et escalader le ciel, comme les Titans ou Lucifer. Le bouddhisme, le panthéisme, l'évolutionnisme, sont des essais de divinisation humaine sans Dieu. Ce dernier mot constitue la différence du Sur-homme de Nietzsche et du Saint du Christianisme.

Tantôt c'est la divinité qui descend, mais une divinité grossière, inférieure à l'homme même.

Ou l'Idéal est abstrait (tendance moderne); — ou le Divin n'est pas idéal (religions antiques).

Vichnou est, dans le néo-brahmmanisme Indien, le dieu suprême identique à Brahma, mais il s'incarne sous diverses formes ridicules, celles d'un poisson, d'un lion, d'une tortue, etc..., et enfin celle de deux héros, Rama et Krihsna; il descend sur la terre sous une forme nouvelle chaque fois que la religion est près de périr. Il paraît surtout sous la forme Krishna, qui est un véritable dieu incarné.

Civa, l'autre grand dieu de l'Inde, ne s'incarne pas, mais il paraît sur la terre sous différentes formes, il a une biographie précise, connue et pleine d'aventures, et aux différents évènements de laquelle se rapportent un certain nombre de sanctuaires.

Malheureusement Krihsna, le dieu incarné, et Civa, le dieu qui vient se manifester sur la terre, sont des personnages d'une moralité plus qu'équivoque. Civa est à la fois un ascète, un brigand et un débauché; Krishna passe sa jeunesse au milieu des bergères, et cette vie pastorale n'a rien d'édifiant. Plus tard, en arrivant avec sa suite à la porte d'une ville, il pille des marchands qui en sortaient. Il est cependant le Dieu suprême incarné. Le culte de Civa est caractérisé par des symboles et des pratiques obscènes, celui de Krishna par une littérature érotique et sensuelle. Puis autour de ces deux personnages se groupent leur famille et leurs amis, leurs mères, leurs sœurs, leurs épouses, tous représentés par de hideuses idoles; la femme de Çiva, Kali, est une négresse de la bouche de laquelle sort une énorme langue rouge et qui porte autour du cou un collier de crânes humains. D'autres dieux, leurs acolytes, sont figurés sous les aspects les plus difformes, avec des multitudes de bras et de têtes, orientale manière de nous montrer l'infini. Le panthéon néo-bramanique est la plus révoltante collection de monstres que l'on puisse imaginer.

Au rebours, le fondateur du Bouddhisme présente dans sa vie (1) et sa doctrine une pureté austère. Le Bouddha naquit vers l'an 600 avant notre ère, dans une ville voisine de Bénarès. Il se nommait Siddartha de son nom propre et appartenait à la famille des Gautama et à la lignée royale des *Çakia*, d'où lui est venu le nom de Çakia-Mouni, le solitaire de la race des Çakia. Quant au nom de Bouddha, qui veut dire le savant ou l'éclairé, c'est un titre qu'il porte en qualité de docteur universel, et qui ne lui est pas personnel, car il y a dans la doctrine bouddhiste un grand nombre de bouddhas.

A l'âge de 27 ans, Siddartha quitta son père, sa femme et son fils unique, et renonçant à l'espoir de la couronne embrassa l'état d'ascète. Il suivit

---

(1) Du moins dans sa vie d'ascète, car il passa sa jeunesse dans le luxe et les plaisirs d'un palais.

d'abord les leçons des Brahmanes, mais trouvant leur sagesse vaine il les quitta. Il se livra à des mortifications exagérées qui mirent sa vie en danger. Ayant reconnu également la vanité de ces pratiques, il revint à une vie plus modérée, quoique toujours austère et poursuivit ses méditations. Sept ans après son départ de la cour de son père, il déclara qu'il avait trouvé la véritable sagesse et commença à prêcher une doctrine nouvelle. Il continua sa prédication pendant quarante ans dans la région voisine du Gange, et mourut enfin à l'âge de quatre-vingts ans, à peu près à l'époque de la reconstitution du temple de Jérusalem et de la bataille de Salamine. Il avait enseigné à ses disciples une règle religieuse ascétique, dont il donnait lui-même l'exemple et qui consistait principalement dans le célibat et la pauvreté absolue. C'est un ordre religieux, établi par Çakia-Mouni lui-même, qui conserva et propagea sa doctrine.

Le Bouddha est-il un Dieu ?

J'emprunte la réponse au *catéchisme Bouddhique*, extrait des livres sacrés de l'Inde par Soubhadra Biksou.

« *Le Bouddha est-il un dieu qui se serait révélé aux hommes ?*

« Non.

« *Est-il un envoyé de Dieu qui serait descendu sur la terre pour porter le salut aux hommes ?*

« Non.

« *C'était donc un homme ?*

« Oui, c'était un homme. Mais un homme comme il n'en naît qu'un dans bien des milliers d'années, un de ces sublimes vainqueurs et flambeaux du monde qui, moralement et spirituellement, dominent de si haut l'humanité égarée et souffrante, qu'ils apparaissent à la simplicité du peuple comme des « Dieux » ou des « Envoyés de Dieu ».

Il est vrai que, dans des milliers d'existences, le Bouddha a pratiqué toutes les vertus et acquis des mérites incalculables; il aurait pu parvenir dès une époque reculée au Nirvana complet. Il a préféré continuer à vivre, à souffrir et à mourir, pour arriver à la science parfaite et pour acquérir un pouvoir souverain, afin de délivrer des multitudes d'êtres de l'existence passagère et malheureuse et de les conduire au nirvana. Parmi ces existences il en est 550 qui sont connues des Bouddhistes, Çakia-Mouni les ayant racontées lui-même. Il a été ascète, brahmane, mendiant, lion, perroquet, singe, marchand, roi, ermite, etc., etc., etc...

C'est dans une de ces existences qu'il a accompli l'acte de charité suprême de se livrer lui-même en pâture à une tigresse qui allaitait ses petits.

Dans son avant-dernière existence humaine, le Bouddha est un grand roi qui fait beaucoup d'aumônes. Puis il devient un deva, dieu inférieur, dans le ciel de Toocita, le quatrième, à partir de la terre, des vingt-six cieux superposés que recnnaît la cosmologie bouddhiste. C'est de ce ciel qu'il descend, quand son heure est venue. Il s'incarne dans le sein de la princesse Maya. Il naît et fait aussitôt quatre pas vers les quatre points cardinaux, s'écriant : « C'est ma dernière naissance; je suis le premier et le plus grand des êtres. » Les devas et les brahmas s'empressent pour le servir.

Confucius est le véritable représentant de l'antique sagesse chinoise. Il naquit vers l'an 550 avant l'ère chrétienne. Fils d'un officier distingué, il perdit son père à 3 ans. A 22 ans, il fonda une école où il enseigna l'histoire et les doctrines du passé et acquit une grande réputation.
Mille disciples lui vinrent de divers pays. A 50 ans, il fut nommé magistrat de la ville de Chung-tû, puis ministre de la justice du royaume de Lû, où sa seule nomination, dit sa biographie, mit fin aux crimes. Il inaugura un gouvernement réformateur et devint l'idole du peuple. Puis chassé par un complot, il se mit à voyager d'un état féodal à un autre, espérant trouver un prince qui le prendrait pour conseiller. Enfin un matin il se leva, et, les mains derrière le dos, traînant son bâton, il sortit en murmurant : « La grande montagne doit s'émietter en poussière, la forte poutre doit se briser, le sage doit sécher comme une plante. » Il s'assit alors contre sa porte. Un

de ses disciples entra, et le maître lui dit : « J'ai fait un rêve cette nuit. Aucun monarque intelligent ne se lève, il n'y a aucun prince de l'empire qui me choisisse pour conseiller. Il faut que je meure. » Sept jours après il mourut.

Confucius a laissé de nombreux ouvrages de morale pratique fort admirés des Chinois; ce fut un sage. Sous un bon gouvernement il était digne d'être préfet, conseiller d'état ou ministre, et en tout temps et en tout pays de compter parmi les membres distingués d'une académie de sciences morales et politiques. Mais il n'a rien d'un héros ou d'un prophète.

Mahomet fut, lui, au contraire, un prophète et un inspiré. Il ne semble pas avoir douté un ins tant de sa mission divine, bien qu'il n'en ait jamais donné d'autre preuve que son sentiment intérieur. Il prêchait dans la chaire de Médine avec une éloquence entraînante, et 170.000.000 d'hommes sont encore pénétrés de son monothéisme ardent. Il est peu de nations, même chrétiennes, qui aient pour le Dieu créateur un respect égal à celui des musulmans. Les litanies des attributs de Dieu qu'ils récitent contiennent un haute philosophie. Mais si, par la profondeur du sentiment religieux, le Messie de l'Islam est supérieur au Sage chinois et au Moine athée de l'Inde, il leur est fort inférieur en moralité, et je ne parle pas de ses fautes, mais des actes qu'il s'est cru permis et de la consécration religieuse qu'il donna à ses fantaisies et à ses passions.

On sait que chaque fidèle musulman peut avoir quatre femmes légitimes et en outre autant de concubines esclaves qu'il lui convient d'en nourrir. Cette loi qui nous semble déjà bien large ne paraît pas suffisante au fondateur de l'islamisme, il demande et obtient des dispenses.

Il reçoit d'abord la permission d'épouser douze femmes. Puis il trouve pénible la règle, assez naturelle cependant, qu'il s'était imposée, de partager son temps entre ses différentes épouses. L'ange Gabriel intervient à propos et déclare qu'il n'est nullement tenu à cette égalité. Cette intervention grotesque de l'ange de Dieu dans cette querelle de ménage, est inscrite dans le Koran. Un jour Mahomet alla rendre visite à son fils adoptif Zeinab; ayant trouvé seule la femme de Zeinab, qu'il lui avait fait épouser, il dit cette parole significative : « Dieu tourne le cœur des hommes comme il lui plaît. » La femme de Zeinab comprit ce que cela signifiait, et répéta les paroles du prophète à son mari, qui s'empressa de divorcer et d'offrir à Mahomet sa femme. Cette fois il y eut scandale, même à Médine.

Mais l'Ange Gabriel intervient encore et enseigne à Mahomet que la parenté adoptive n'est pas un obstacle au mariage.

C'était du reste un proverbe chez les Arabes

que le prophète a dépassé les autres hommes dans son amour pour le sexe féminin, et on attribue à Mahomet ces paroles pleines d'une mysticité sensuelle : « Il y a deux choses que j'aime, les femmes et les parfums, mais ce qui réjouit mon cœur plus que tout, c'est la prière. »

CHAPITRE IV

LE CHRIST

Mahomet ne s'est posé qu'en prophète, Confucius en sage, le Bouddha en saint, Vichnou et Civa en dieux incarnés, fort peu édifiants du reste et légendaires, comme les Jupiters et les Vénus de l'Olympe gréco-romain.

Le Christ est en même temps le prophète, le sage, le saint, et parle et agit en Homme-Dieu. Il unit à la foi ardente de Mahomet la sagesse pratique de Confucius, la chaste et profonde mysticité du Bouddha, et concentre de plus en sa personne les deux idées de divinité la plus haute et d'incarnation la plus intime, dans la virginale pureté d'une nature exactement et rationnellement humaine.

Car le Christ est, avant tout, un homme réel. Tandis que les dieux incarnés de l'Inde, et le Bouddha lui-même, flottent, tout entiers ou en partie, dans la brume dorée de légendes invérifiables, Jésus est aussi historique que Mahomet, aussi humain que Confucius, et c'est sur ce fond humain et historique que se détachent dans une netteté plus hardie, des prétentions que ni

Confucius, ni Mahomet, ni aucun homme historique et réel n'eut jamais que dans les maisons de fous, à la divinité même, à la divinité vivante, dont le Bouddha ne semble pas même avoir conçu l'existence, ou dont il ne poursuivait le vague Absolu que pour l'éteindre dans le Nirvana suprême.

Et le Christ apparaît, historique et humain, dans une auréole de prophéties et de miracles; de prophéties qui furent la raison d'être et toute l'histoire d'un peuple, d'un peuple étrange qui se jette dans le Messie comme le fleuve dans la mer et disparaît, depuis dix-neuf siècles, visible et mystérieux, à travers le monde; — de miracles pour lesquels des millions de martyrs ont donné leur sang et sur lesquels reposent, depuis deux mille ans bientôt, les saintetés les plus pures et les civilisations les plus hautes.

Un enfant naît sur la paille entre un bœuf et un âne, un homme meurt sur une croix entre deux voleurs; et il a conquis le monde! — A quoi? à la doctrine du sacrifice : humilité, pureté, charité. — Quel monde? l'empire Romain, sceptique, corrompu, égoïste. — Comment? par douze pêcheurs Juifs. — Et après dix-neuf siècles, à la suite des martyrs, des docteurs et des vierges, l'élite de la civilisation morale n'est encore à genoux que devant cet enfant né sur la paille, devant cet homme mort sur la croix, que dix-neuf siècles de discussions théologiques, philosophiques, scientifiques, n'ont pu convaincre encore ni de péché ni de mensonge. Car la philosophie et la science l'ont discuté, les haines se sont accumulées sur son œuvre, ses ennemis de siècle en siècle ont prophétisé sa mort; mais la philosophie et la science l'ont défendu; dès que la haine apparaît comme Judas, l'amour est là comme Madeleine. et il vit toujours, crucifié, nié, insulté, adoré de l'élite du genre humain.

Dieu si humain en effet, si frère de l'homme, que, de sa croix d'esclave, il a brisé l'esclavage et poussé le grand cri de liberté et de fraternité universelle. Dieu si raisonnable et si pur, que son culte se confond presque avec celui de la raison et de la moralité humaine, et que la Critique qui l'ébranle touche aux fondements de la certitude intellectuelle et morale. *Si divin* pourtant dans son humanisme, que sa cause, comme l'a dit Renan, est devenue celle de la divinité même, et son culte le culte de Dieu en esprit et en vérité (1).

Toutes les religions sans doute sont des mélanges de divin et d'humain; mais dans presque toutes, remarquez-le, la divinité ou l'humanité ont un caractère exclusif, ou bien se mêlent en une sorte de chaos. Séparation — ou confusion. Les religions élevées et monothéistes (islamisme,

---

(1) « Entre toi et Dieu on ne distinguera plus » (Renan). — Et en même temps, *Voilà l'homme,* car en Lui seulement est réalisé l'idéal absolument pur de la raison et de la conscience.

judaïsme,) sont *des cultes du grand Invisible* (Allah, Jéhovah). L'humanité n'y apparaît que sous forme de prophète, dont l'inspiration sillonne, sans le combler, l'abîme d'un trait de feu. Les cultes païens sont au contraire *des cultes de pur humanisme*, des anthropomorphismes nobles ou misérables, avec, au front de l'idole humaine, quelque vague rayon de divinité. Quant au bouddhisme et aux religions hindoues, c'est le chaos dont je parlais tout à l'heure. Le Bouddha n'est, à vrai dire, ni un homme ni un Dieu : c'est un fantastique mélange des deux natures, semblable à ces monstrueuses statues de l'Inde où le divin se fond dans l'énorme, et l'humain dans l'impassible.

La figure du Christ est essentiellement harmonieuse. Harmonie faite de deux extrêmes, comme tous les grands accords : l'humanité toute pure et faible, la divinité toute puissante et sublime. Harmonie si douce pourtant, que rien n'y détonne ou même n'y étonne, tant l'homme et le Dieu sont fondus dans une profonde et délicate unité. Mais ils sont là l'un et l'autre, parfaitement distincts et parfaitement unis.

Saint Luc et saint Mathieu nomment les ancêtres de Jésus selon la chair, à travers une suite de soixante-dix-sept générations, depuis les **derniers** rois de Judas jusqu'à Zorobabel, jusqu'à David, jusqu'à Adam. C'est la génération du fils de l'homme. Saint Jean s'écrie : « Au commencement était le Verbe et le Verbe était en Dieu, et le Verbe s'est fait chair et il a habité parmi nous. » C'est la génération du Fils de Dieu.

Jésus naît d'une femme : Voilà l'homme. Il naît d'une Vierge : Voilà le Dieu.

Jésus vient au monde dans une étable, dans la misère et la pauvreté : Voilà l'homme. Mais les anges chantent sur son berceau, et les rois de l'Orient viennent l'adorer : Voilà le Dieu.

Menacé par Hérode, il fuit en Egypte comme un exilé : Voilà l'homme. Mais les idoles, dit la tradition, tombent à son passage : Voilà le Dieu.

Jésus croît en âge et en sagesse, dans le travail et la soumission : Voilà l'homme. Mais à douze ans il se mêle aux docteurs et les étonne par la profondeur de sa science et de sa sagesse : Voilà le Dieu.

Jésus reçoit le baptême des mains de saint Jean : Voilà l'homme. Mais les cieux s'ouvrent, le Père et l'Esprit se manifestent : Voilà le Dieu.

Jésus passe au désert et subit les attaques de Satan : Voilà l'homme.

Mais d'un mot il met le tentateur en fuite, et les Anges descendent pour le servir : Voilà le Dieu.

Jésus n'a pas une pierre où reposer sa tête, il souffre la faim et la soif, la perte de ses amis le fait pleurer : Voilà l'homme. Mais il nourrit des multitudes, commande à la mer et à la mort, guérit les malades : Voilà le Dieu.

Ce supplicié qui tombe épuisé sous les verges du prétoire, c'est le fils de l'homme. Ce transfiguré qui rayonne dans les splendeurs du Thabor, c'est le Fils de Dieu.

Cette victime prosternée dans la poussière de Gethsémani, c'est le fils de l'homme.

Ce sacrificateur qui se relève et qui d'un regard terrasse ses ennemis avant de se laisser lier, c'est le Fils de Dieu.

Jésus meurt sur un gibet, après un cri de désespoir : Voilà l'homme. Mais le soleil s'éclipse, les rochers se fendent, les tombeaux s'entr'ouvrent : Voilà le Dieu.

Il meurt et il est enseveli et la pierre est scellée sur son caveau : Voilà l'homme. Mais, le troisième jour, il ressuscite, comme il l'avait dit : Voilà le Dieu.

Et l'unité de ces deux extrêmes, dans la vie de Jésus, n'apparaît pas moins que leur distinction. Car il y a une façon divine d'être homme et une manière humaine d'être Dieu. Un des caractères du merveilleux dans l'Evangile c'est d'être aussi humain que divin, et divin, comme on l'a dit, à force d'être humain.

Le Christ ne fait jamais (comme le Bouddah ou les fakirs) du miracle pour le miracle. Cet humble n'en fait même pas pour lui, ni ce pauvre pour sa subsistance. Il ne semble même pas avoir pour but direct de prouver sa divinité. Il délivre, il guérit, il ressuscite, il fait pleurer les pécheresses, il rend un fils à sa mère.

Il fait du merveilleux *pour le bien*.

Merveilleux toujours raisonnable, sage, modeste, délicat, discret, — surhumain par son humanité même. Rencontrait-il un pauvre, un malade, alors ce pouvoir divin jaillissait de son cœur, comme jaillissent les actes d'amour, plus rapide que l'éclair. « Si je pouvais seulement toucher le bord de sa robe, je serais guérie ! » Mais lui : « Ma fille, ayez confiance, vos péchés vous sont remis ». C'est le mot d'un Dieu qui voit le mal dans sa cause, et pardonne avant de guérir. Mais il pardonne et guérit. Le prodige est au service de la bonté, et de la bonté la plus haute, la plus synthétique; le Dieu est au service de l'homme, — pour le salut de l'âme et du corps.

Ce dernier mot me rappelle que l'homme est aussi une incarnation, et nous avons vu dans les premières pages de ce volume la synthèse des deux grands systèmes anthropologiques : l'un tellement frappé de l'enveloppe extérieure et matérielle de l'homme, qu'il ne voit que le corps; l'autre tellement ébloui de la flamme intérieure, qu'il ne voit que l'âme.

Or ces instructives oscillations de la pensée en face de l'incarnation humaine, se reproduisent, identiques, en face de l'incarnation divine. Là aussi il y a deux systèmes : les uns ne voyant en Jésus-Christ qu'un homme; les autres n'y voyant qu'un Dieu.

Simon le magicien, Ménandre, Saturnin, Basilide, Valentin, Cerdon, Marcion, Tatien, éblouis par la splendeur de la divinité en Jésus-Christ, ne voulaient pas voir son humanité, et proclamaient qu'il n'était que Dieu. Et en même temps, presque à la même heure, on en voyait paraître d'autres, Cérinthe, Ebion, Artémon, Paul de Samosate, qui frappés des infirmités, des douleurs, de la passion et de la mort du Christ, convaincus par là de son humanité, ne sachant comment la concilier avec la présence de la divinité en lui, déclaraient qu'il n'était qu'un homme.

Et en face de ces deux systèmes absolus et partiels, qui ne croyaient, l'un qu'à la divinité, l'autre qu'à l'humanité du Christ, saint Jean se levait et écrivait son Evangile, affirmant à la fois le Verbe et la chair :

Et Verbum caro factum est.

Ce que nous voyons aux trois premiers siècles, on le voit, avec plus d'éclat et de grandeur encore, au IVe et Ve siècles, où les deux systèmes théologiques, qui correspondent en philosophie à l'idéalisme et au sensualisme, réapparurent dans de plus vastes proportions. Arius ne voyait en Jésus-Christ que l'humanité, une humanité habitée par le Verbe sans doute, mais par un Verbe qui n'était pas de même nature que le Père, inférieur à lui, et qui par conséquent n'était pas Dieu. Dès lors Jésus-Christ était un homme privilégié, supérieur à tous en beauté morale, en puissance, en sainteté, en union avec Dieu, mais enfin c'était un homme. C'est ce que disait aussi Nestorius, et, plus près de nous, Ernest Renan.

Et comme si l'un de ces systèmes ne pouvait paraître sans faire immédiatement jaillir l'autre, Eutichès se levait après Arius et en face de Nestorius, et déclarait que le Christ était tout Dieu.

Le Verbe, pensait-il, avait bien pris la nature humaine, mais en la touchant il l'avait consumée pour ainsi dire, en n'en gardant que l'apparence.

Il était arrivé de l'âme de Jésus-Christ, de son intelligence, de sa volonté, de sa chair, ce qui arriverait d'une goutte de miel qu'on jetterait dans l'océan et qui s'y dissoudrait, ou d'une branche sèche qu'on jetterait dans un brasier. Tout avait été consumé, il n'était resté qu'une apparence. Le Christ, à la lettre, était tout Dieu.

Et, en face de ces deux systèmes, tous deux absolus, tous deux excessifs, tous deux étroits, l'Eglise disait à Arius au concile de Nicée : Non, le Christ n'est pas seulement homme; il est Dieu. Et se retournant vers Eutychès, elle ajoutait : Non, Jésus-Christ n'est pas seulement Dieu; il est homme.

Il est l'Homme-Dieu.

CHAPITRE V

LE BOUDDHA ET MAHOMET

I

Mahomet fut exclusivement homme. Les Koréchites lui disaient, au début de sa mission : « Puisque tu te prétends envoyé d'Allah, donne nous des preuves évidentes de ta qualité. Notre vallée est étroite et stérile; obtiens de Dieu qu'il l'élargisse, ou bien qu'il fasse sortir du tombeau quelques-uns de nos ancêtres; que ces illustres morts ressuscités te reconnaissent pour prophète et nous te reconnaîtrons aussi. » — Dieu, répondit Mahomet, m'a envoyé seulement pour prêcher sa loi. — « Au moins, reprirent les Koréchites, demande à ton Seigneur qu'il fasse paraître un de ses anges pour témoigner de ta véracité et nous ordonner de croire. Demande-lui qu'il montre ostensiblement le choix qu'il a fait de toi, en te dispensant de chercher ta subsistance journalière dans les marchés, comme le moindre de tes compatriotes. »

— Non, dit Mahomet, je ne lui adresserai point

ces demandes : mon devoir est seulement de vous prêcher.

— « Eh bien, que ton Seigneur fasse tomber le Ciel sur nous, comme tu prétends qu'il est capable de le faire, car nous ne croirons pas. »

Mahomet n'a pas fait de miracles.

Confucius est moins surnaturel encore. « La Chine est la seule nation de la terre qui ait eu pour instituteur un petit vieillard morose, de sens très rassis, grand débiteur de sentences, goûtant peu les théogonies, les contes de fées et les légendes, et n'opérant jamais de miracles. Confucius ramenait tout à la morale; il avait peu de goût pour les dogmes et les spéculations mystiques. Ce moraliste très utilitariste ne s'occupait guère que des choses d'ici-bas, laissant aux curieux et aux oisifs le soin de savoir ce qui se passe dans le ciel. »

Voici maintenant l'excès contraire. Dans l'Inde tout est miracle, et le miracle c'est le fantastique. « Quand les créatures apprennent que Bouddha va naître, tous les oiseaux de l'Hymalaya accourent au Palais de Kapila et se posent en chantant et en battant des ailes sur les terrasses, les balustrades, les arceaux, les galeries, les toits du Palais; les étangs se couvrent de lotus; les tambours, les harpes, les cymbales rendent sans être touchés des sons mélodieux. Des Dieux et des solitaires accourent de chacun des dix horizons pour accompagner le Bouddha. Le Bouddha descend escorté de centaines de millions de divinités. Au moment où il descend, les trois grands milliers de régions du monde sont illuminées d'une immense splendeur.... Pas un être n'éprouve de frayeur ni de souffrance... Cent mille *Apsara* conduisent les chœurs de musique, en avant, en arrière, à droite, à gauche de son char. Au moment où il va sortir du sein de sa mère, toutes les fleurs ouvrent leurs calices, des eaux de senteurs coulent de toutes parts. Cinq cents jeunes Eléphants blancs viennent toucher de leur trompe les pieds du roi, père de Bouddha. Dix mille filles des Dieux tenant à la main des éventails de queues de paons apparaissent dans le ciel. Tous les fleuves et tous les ruisseaux s'arrêtent. Une lumière de cent mille couleurs se répand de toutes parts, etc., etc...

Il y a aussi loin de cette fantasmagorie grandiose, de cette colossale féérie imaginative, à la miraculeuse simplicité de l'Evangile, qu'il y a loin du monstrueux au céleste, et de l'inextricable forêt de l'Inde à la divine limpidité du firmament.

Mais le Merveilleux ce n'est encore que le *style*, en religion : pénétrons dans l'Idée et les doctrines.

II

La gloire du Bouddhisme, c'est sa morale. Le Bouddhisme est par essence une religion ascétique, visant à la sainteté et à la délivrance de l'âme par le mépris du monde et la mortification. C'est là tout l'enseignement du Bouddha, et c'est *une part* de l'enseignement du Christ. Mais tandis que dans le Christianisme la mortification, simple correctif de notre état de chute et d'avilissement moral, n'est en quelque sorte qu'un accident de la vie spirituelle, ou si vous préférez, sa face négative, — une manière de préparation par contraste et de noviciat à la vie véritable qui est amour et joie et union à l'Etre infini ; le renoncement est au contraire le fond même de la doctrine Bouddhique, et le Nirvana auquel elle aspire, le Nirvana qui est son but et son ciel, n'est autre chose qu'une vaste *extinction* (1) des passions d'abord, des désirs, de la volonté de vivre (c'est le Nirvana de ce monde), puis de la personnalité même et de la vie individuelle (c'est le Nirvana définitif).

Lorsque Çakia Mouni (le Bouddha) est arrivé, sous le figuier mystique, à la possession de la souveraine sagesse, il s'écrie : « Pendant de nombreuses existences, je t'ai cherché, ô principe de la vie humaine, constructeur de ce tabernacle du corps humain. Il m'en a coûté beaucoup, il

---

(1) C'est la traduction du mot *Nirvana*.

est pénible de renaître ainsi toujours. Maintenant, je t'ai découvert et je t'ai vaincu, tes pieux sont arrachés, tes cordes rompues; tu ne reconstruiras plus cette tente et tu ne me feras plus renaître (1). » Cet architecte du corps, c'est la passion, la concupiscence, principe des fautes et des renaissances qui en sont le châtiment.

Il s'agit donc d'anéantir tout désir, toute affection, de déraciner complètement la concupiscence et même ce qu'il nomme la *volonté de vivre*. Car tandis que, dans la doctrine chrétienne, essentiellement *humaine*, le corps lui-même n'est l'ennemi qu'autant qu'il se révolte contre l'âme; que tout est orienté vers l'Etre et la vie; que la mortification a pour but la révification, comme la mort elle-même a pour but la vie supérieure, et que l'émondement des branches infimes de l'arbre humain n'est qu'au profit de la sève générale et de son épanouissement dans le ciel; — le Bouddhisme, orienté vers le néant, pousse le détachement jusqu'à la haine du corps, jusqu'à l'extinction de l'âme, voit le principe du mal dans la *volonté de vivre*, et émonde l'arbre en coupant toutes ses branches et en arrachant sa racine (2). Schopenhauer n'a rien inventé.

---

(1) *Dhammapada*, ch. XI, p. 153.
(2) L'idéal bouddhiste serait-il donc le néant pur ? Non, sans doute. C'est plutôt la fusion dans l'absolu. Mais l'absolu bouddhiste, c'est l'être indéterminé, l'être sans attributs, l'être-néant de Hégel. De là, sur le nirvana, des opinions contradictoires, dont la synthèse est probablement la **vérité**.

D'où peut venir cette haine raffinée de l'existence? Avec une grande profondeur de pensée et probablement avec raison, M. Barthe croit que le pessimisme bouddhique n'est pas le résultat de souffrances exceptionnelles ni d'une vie plus malheureuse qu'ailleurs, mais qu'il a une origine métaphysique. Ce serait le résultat d'une recherche très ardente de l'absolu et de l'infini, suivie de désenchantements résultant de l'impuissance de l'atteindre. Ce serait, par une conséquence logique du reste, le panthéisme brahmanique transformé en athéisme, l'être indéterminé devenu l'être-néant.

Quoiqu'il en soit, c'est selon l'esprit de ce dogme négatif qu'est conçue la sainteté bouddhique, annihilation mystique de l'homme, comme la théologie bouddhique est l'annihilation métaphysique de Dieu.

Il y aurait un parallèle curieux à faire entre les pratiques des religieux catholiques et les pratiques bouddhistes; — similitude dans le côté négatif de la perfection, avec dissemblance complète dans l'autre face, celle de la vie, de l'espérance et de l'amour, qui surabondent dans la foi chrétienne, tandis que dans le bouddhisme le renoncement est absolu et conduit à la mort et au néant (1).

(1) Dans une étude datée d'Yeddo, M. Georges Bousquet dit du bouddhisme au Japon : « Une pareille doctrine engendre deux sortes de sectateurs : d'une part les ascètes... on en ren-

C'est le religieux bouddhiste, le Bickus, le moine mendiant, qui est le principal objet des prescriptions de Çakia-Mouni; lui seul peut devenir arhat, c'est-à-dire arriver à cette perfection qui conduit immédiatement au nirvana. Les religieux seuls composent l'assemblée, l'Eglise du Bouddha. Tandis que l'Eglise chrétienne est ouverte à tous et à toutes les formes de la vie sociale, le bouddhisme est essentiellement monastique. Mais le travail, prescrit par saint Benoît et saint Basile aux ordres religieux chrétiens, n'est pas prescrit au religieux bouddhiste. Sa vie se passe à mendier et à méditer sur le néant du monde (1).

Quant à la foule laïque (upaçakas) dont l'œuvre principale est de donner l'aumône aux religieux, elle ne peut qu'entrer *dans les sentiers du nirvana*, c'est-à-dire arriver à un état inférieur de perfection et acquérir le nirvana dans l'avenir, après un certain nombre de nouvelles existences. C'est aussi, fort probablement, le seul

---

centre ici quelques-uns parmi les vieillards revenus des passions de la jeunesse; d'autre part les libertins... : puisque tout est vain, jouissons, amusons-nous d'avance pour une éternité. » Inutile d'ajouter que cette dernière interprétation est la plus populaire.

(1) « Ainsi, glorifiant la pureté du cœur, mais condamnant la vertu active, la morale bouddhiste, en s'efforçant de peupler le monde d'ascètes, s'expose à le couvrir de paresseux ».
(*Revue des Deux-Mondes,* 15 déc. 1875).

espoir qui soit donné aux femmes. Bien qu'il y ait des religieuses bouddhistes, elles ne font pas partie de l'assemblée et peuvent seulement mériter de renaître dans une autre existence avec le sexe masculin, ce qui leur permettra cette fois d'atteindre le nirvana.

Je n'ai parlé jusqu'à présent que du côté négatif de la morale bouddhique : du renoncement et de la vie religieuse. Mais elle a aussi un côté positif : la charité, la bienveillance universelle. On ne comprend pas comment il se rattache au précédent. La morale bouddhique, en effet, semble par son premier aspect profondément égoïste. C'est pour échapper à la souffrance et non pour un autre but que le bouddhiste poursuit le nirvana; que pourrait-il aimer dans le vide absolu? Par une heureuse inconséquence, le bouddhiste est charitable et le Bouddha a donné l'exemple de cette vertu. Voici sur le caractère de cette charité le jugement d'un savant auteur très favorable au bouddhisme, M. Oldenberg :

« En essayant de rapprocher le bouddhisme du christianisme, on suppose comme l'essence de la morale bouddhiste un amour plein de compassion pour tous les êtres vivants. Il y a en cela quelque chose de vrai, mais on doit reconnaître aussi qu'il y a une différence intrinsèque entre ces deux principes de moralité : le sentiment de bienveillance bouddhique et la charité chrétienne. La langue du bouddhisme n'a aucun mot pour exprimer la poésie de l'amour chrétien, de cette charité décrite par saint Paul, qui est plus grande que la foi et l'espérance, sans laquelle celui qui parlerait toutes les langues des anges et des hommes serait un airain sonnant et une cymbale retentissante : les réalités dans lesquelles cette poésie a été incarnée dans le monde chrétien n'ont pas leurs pareilles dans le monde du bouddhisme. On peut dire que l'amour de bienveillance qui se manifeste dans la morale bouddhique, sentiment à moitié négatif et à moitié positif, s'approche de la charité chrétienne sans l'atteindre, à peu près comme la béatitude du nirvana bouddhique, très différente au fond de la béatitude selon les idées chrétiennes, en est cependant une image incertaine et vacillante ».

La différence serait plus grande encore s'il fallait comparer non plus l'idéal bouddhique à l'idéal chrétien mais les réalités correspondantes. Le bouddhisme ne produit ni hôpitaux ni orphelinats, ni asiles pour les abandonnés. Le Dieu des chrétiens étant *un Acte pur* dans son essence et un amour immolé sur la croix, à peine descendu de sa prière dans la vie réelle le saint court à l'immolation pratique, d'autant plus utile à la terre qu'il est plus épris du ciel. Le bouddhiste, au contraire, contemplant l'être-néant, éternellement immobile, que deviendra la perfection sous l'empire de cette divinité inerte ? Rien autre chose que l'inertie, « Quand l'âme maladive des

Indous, (écrit un auteur catholique en une page un peu rude sans doute), s'est perdue dans cet océan inanimé de l'existence, elle végète plus qu'elle ne vit, suspendue par un balancement idiotique au-dessus de l'humanité. Notre sainteté, à nous, c'est l'action fécondée par l'oraison; la leur, c'est la stérilité du rêve; la nôtre, c'est le labeur, la leur c'est un sommeil cataleptique; la nôtre est un surcroît de vie, la leur est une mort anticipée. Quiconque veut devenir un Samanéen parfait, disent leurs textes inspirés, doit se rendre semblable à un homme à qui l'on aurait coupé les quatre membres. Sans doute, de ce quiétisme visionnaire, il pourra sortir des légions de bonzes et de solitaires hallucinés, pétrifications vivantes de leur loi; mais il n'en sortira pas un Vincent de Paul » (1).

III

J'ai intitulé ce chapitre : le Bouddha et Mahomet. C'est qu'en effet ces deux grands cultes, qui, avec le christianisme, se partagent à peu près le monde, — le bouddhisme et l'islamisme — m'apparaissent comme les antipodes, la thèse et l'antithèse violentes dans la sphère de la pensée religieuse. Les lacunes de l'un sont les mérites de

---

(1) P. Caussette, *Le bon sens de la foi.*

l'autre, les points brillants de celui-ci correspondent aux points sombres de celui-là. Tandis que Bouddha le Solitaire, perdu dans la contemplation d'un absolu mort et impersonnel où s'engloutit le néant de toutes choses, met l'idéal dans le renoncement et la sainteté dans l'ascétisme, — Mahomet, le soldat-prophète, épris de vigueur et de personnalité, conçoit Dieu comme le Tout-Puissant, donne à ses troupes, comme vertu, la foi aveugle en ce général en chef, et bornant la vertu à cette foi sublime, fait de la morale rudimentaire comme on en fait dans les camps.

Le Mahométisme c'est le Dogme, le grand dogme de l'existence et de l'unité de Dieu, le dogme fondamental et premier de la Religion philosophique et complète. Le Bouddhisme c'est la Morale, la morale dans sa pureté austère, dans le renoncement profond de l'âme à la vanité universelle, la morale en ce qu'elle a de plus opposé à la vie grossière et frivole, et même à la joie de vivre et aux expansions de la nature. Car, tandis que l'idéal musulman, essentiellement viril et masculin (dans la force et les faiblesses du double sens de ces mots) semble être, pour ce monde et pour l'autre, la vie violente et sensuelle, l'orgueil de la vie, de la jouissance et de la personnalité;-- l'Inde bouddhiste, au contraire, essentiellement mystique et intérieure, semble avoir mis son idéal dans le sommeil, le sommeil sans rêves et sans réveil, sans corps et sans âme, le sommeil absolu, le nirvana, paradis du néant et orgueil de la mort, — ou du moins de l'immobile, de l'impersonnel et de l'abstrait.

Le Mahométisme, comme on l'a dit, est un compromis entre le monothéisme des chrétiens et la morale des païens; une habile combinaison fondée, d'un côté, sur la négation du polythéisme dont la raison ne voulait plus, et, de l'autre, sur des passions dont la nature déchue veut toujours. C'est même cet amalgame ingénieux et hardi de spiritualisme dans le dogme et de matérialisme dans la morale, qui constitue peut-être la vitalité de l'islamisme. Les idoles païennes tombent quand la raison les touche; mais des mœurs païennes, cimentées par la croyance à l'unité divine, forment une agrégation résistante et formidable.

Le Mahométisme, c'est la grandeur du Dieu unique, sans le plus sublime, et le plus gênant, de ses attributs : la sainteté.

Le Bouddhisme est, tout au contraire, le culte de la sainteté sans Dieu. Mais, parce qu'elle est sans Dieu et que son ciel est vide, elle n'aboutit qu'à une annihilation mystique et progressive de l'âme, qui cherche son salut dans le néant divinisé.

Ne voyez-vous pas déjà à travers toutes ces beautés et toutes ces lacunes des religions contradictoires, se dessiner les linéaments de la vérité complète dont nous rencontrons dans les doctrines partielles les fragments épars et brisés ?... La synthèse de ces apparents contraires : vie et sainteté, activité et contemplation, détachement austère et joie émue et vivante, Dieu personnel et Perfection absolue, nous la trouvons dans le christianisme, qui répond à la fois par sa morale très sainte et son dogme très vivant, par son « Bienheureux les cœurs purs, *car ils verront Dieu* », par son esprit de détachement joyeux qui n'est en effet qu'un attachement à la vie pleine et à la joie infinie, — par sa doctrine du travail et de l'effort qui développe la personnalité humaine, comme par sa foi au grand repos qui sera en même temps l'activité supérieure de toutes les puissances de l'âme épanouies et béatifiées, — répond aux tendances les plus opposées, les plus contradictoires de la nature religieuse. Il en opère la conciliation vitale et naturelle dans l'harmonie d'une doctrine très simple et très savante, faite pour les foules et les penseurs, pour les petits enfants et les grands hommes, et le Christ est lui-même le dernier terme de cette conciliation harmonieuse, l'incarnation synthétique de la religion universelle.

IV

Je ne veux point quitter le Bouddha et Mahomet sans dire un mot de la Métempsycose et de la Polygamie, l'une indoue, l'autre musulmane, et qui dissimulent toutes deux sous les fleurs de l'imagination ou du plaisir, la négation d'une double unité : l'unité personnelle et l'unité familiale.

La Métempsycose (1) est une sorte de polygamie de l'âme, qui voyage d'un corps à l'autre parce qu'elle n'en possède aucun; et la Polygamie est une sorte de métempsycose de l'homme, qui *revêt* successivement ou simultanément plusieurs femmes parce qu'il n'en aime aucune assez profondément pour ne faire qu'un avec elle.

Remarquez que dans toutes les grandes choses le pluriel est un affaiblissement : Dieu, les dieux; l'Art, les arts; l'ami, les amis; la femme, les femmes; le respect, les respects. Sous des dehors séduisants de fantaisie et d'amour, la métempsycose et la polygamie cachent, l'une le mépris du corps, l'autre le mépris de la femme. On sait que le musulman emploie ses économies à acheter une nouvelle femme ou un nouveau bœuf, et que le Bouddha fut éléphant et perroquet avant d'être ascète et lumière du monde. L'union intime et indissoluble, qui n'est brisée que temporairement par la mort, l'unité indestructible du corps et de l'âme, de l'homme et de la femme, est une idée philosophique et chrétienne. Le christianisme, qui est la doctrine du rapprochement univer-

---

(1) Et ceci s'applique aussi à la Réincarnation qui est une métempsycose rationalisée et philosophique.

sel, appelle en haut les choses d'en bas, comme il invite Dieu à descendre, et c'est lui, religion de spiritualité pure et sublime, qui pose les deux grands dogmes glorificateurs de la Matière et de la Femme : l'indissolubilité du mariage et la résurrection de la chair. Il pousse tout vers l'Unité, la grande Unité humano-divine, et tandis que l'Arabe attelle à sa charrue sa femme et son âne, et que la rêverie brahmanique voyage à la poursuite d'un insaisissable absolu, — le christianisme, par ses gracieux mystères (Virginité, Incarnation), met la femme tout près du ciel, et Dieu dans la chair humaine.

CHAPITRE VI

MOÏSE ET LUTHER

I

Dieu dans la chair humaine ! Le christianisme est essentiellement l'incarnation du Verbe, c'est-à-dire l'union et la fusion des deux extrémités des choses, la descente de la Divinité dans le néant; de l'Infini dans la poussière, pour l'élévation de la poussière et du néant à la divinité et à l'infini; il est l'inclinaison, l'inclination du Très-Haut vers le très bas, du Sommet vers les fanges, devenues sœurs des neiges éternelles. *Et Verbum caro factum est.*

Et il semble qu'il fallût, d'après la pensée chrétienne, que le monde fût au plus bas, et que la fange fût épaisse autour de la chair humaine, pour y attirer le Saint-des-Saints et « Celui qui regarde d'en haut les cieux ».

Car, un penseur l'a dit, la richesse des unions c'est le contraste. L'union des semblables n'est que le bas de l'échelle, comme le prouve en minéralogie la formation des cristaux. L'union la plus intime, la plus profonde, c'est l'union des contraires. Et c'est pourquoi le corps et l'âme ne font qu'un dans la personne. Mais une union plus riche encore c'est le Christ.

L'Homme-Dieu! Sublime contradiction vivante!

Toutes les religions ont eu le sentiment d'un intervalle, d'un espace séparateur entre notre misère et les cieux, et senti le besoin d'un intermédiaire — prophète, sacrificateur, mage, bouddha ou demi-dieu. Ce sentiment et ce besoin remplissent les religions diverses. Mais le christianisme en est la formule absolue, effrayante, infinie, sublime : et c'est pourquoi il est la Religion même.

Le christianisme c'est l'immense contraste, l'antithèse aiguë et violente, la criante contradiction du borné et de l'infini, de l'abjection et de la gloire, de la toute puissance et de la toute faiblesse — se révolvant dans une harmonie si intime qu'elle va jusqu'à l'unité personnelle. Le Christ est la divine synthèse de ces oppositions formidables, de ces tempêtes de contraires qui se fondent dans sa surnaturelle douceur, comme les vagues de la mer de Galilée quand il y jeta sa parole.

Ce qu'il y a de plus divin dans le christianisme et dans le monde, c'est la Crèche et la Croix, c'est l'Etable et le Gibet, parce que c'est là qu'éclatent le plus profondément le contraste et l'accord de l'Infini avec la faiblesse et la misère. Si un Dieu est né sur la terre, s'il y est mort, c'est

Jésus. Le Bouddha naissant dans un palais et mourant d'une indigestion de viande de porc, n'atteint même pas le sublime; Béthléem et le Golgotha sont divins.

II

Or,— comme le Christ, — la Religion vraie et complète, celle qui unit ciel et terre, la Religion de l'Homme-Dieu, doit être une incarnation humano-divine. Elle doit dans ses grandes lignes comme dans ses moindres détails, porter la marque de son origine et de sa destination, le signe d'en haut et le signe d'en bas, refléter l'Infini et l'infirmité, le mystère céleste et le limon de la terre, et unir à la spiritualité la plus haute et pourtant la plus sensible, la matérialité la plus palpable et cependant la plus pure.

Elle doit être à la fois très simple et très sublime, incliner dans la même adoration le génie et la bonne femme, s'étendre comme un ciel au-dessus du vol de l'aigle et comme un sol fleuri sous les pas des petits enfants; elle doit dans la réalité tangible incarner l'insondable idéal, infuser l'Esprit dans la chair, élever la chair dans l'Esprit, parler aux yeux comme à l'âme, envelopper tout l'homme et toute la divinité.

On a longuement discuté en littérature et en poésie sur l'idéalisme et le réalisme, ces deux grands systèmes de l'Art, que de nombreuses écoles ont opposé l'un à l'autre, alors que la vérité est, ici comme ailleurs, conciliation et plénitude, l'Art étant une incarnation lui aussi, l'incarnation, sous une forme matérielle et *réaliste*, du plus pur *idéal*.

Or ces deux moitiés de l'art complet, ces deux tendances, celle d'en haut et celle d'en bas, se retrouvent en philosophie et en religion sous divers noms analogues : platonicisme et positivisme, mysticisme et formalisme, culte de l'esprit et du mystère d'une part, culte de la lettre et de la formule de l'autre.

Moins que tout culte partiel, — (et par suite même de sa plénitude et de cette essentielle dualité qui en fait le fond humano-divin), la Religion large et complète, la religion de l'Homme-Dieu, (au sens absolu de ces deux termes extrêmes) ne devait échapper à ce morcellement trop naturel de la part d'intelligences étroites, incapables d'embrasser la vérité dans son ampleur harmonieusement contradictoire.

C'est cette scission que nous allons constater.

III

Le Judaïsme est *le formalisme* chrétien.

Ayant eu en effet pour mission de former le *corps* du Christ et du christianisme; gardien des prophéties et de la *lettre* dont il ne soupçonnait pas la profondeur; symbolisant en lui-même la religion à venir, et *matériel* comme tout symbole avant son illumination par l'idée; parabole vivante mais enveloppée encore et, par là même, grossière et réaliste; écorce brute de la vérité future et chrétien *avant l'esprit*, le Judaïsme quand il ne versait pas dans l'idolâtrie vulgaire, eut sans cesse pour écueil la subtilité formaliste des Pharisiens et des docteurs de la loi. La lettre fut, avant l'or, l'idole juive par excellence.

Moïse avait dit : « Tu attacheras ces paroles (le résumé de la loi), comme un mémorial, à ta main; tu les porteras entre tes deux yeux ». Pour exécuter ce précepte, selon toute la rigueur des termes, les juifs, dans leurs synagogues, portaient à la main gauche et sur le front, des bandelettes de parchemin sur lesquelles étaient reproduits intégralement les trois passages de la Loi, si formellement recommandés à leur attention par le législateur lui-même. Les bandes de parchemin, ainsi écrites, étaient collées sur une lanière de cuir noir, aux extrémités de laquelle on fixait deux cordons de soie, servant à attacher le phylactère au front et à la main gauche. Encore aujourd'hui, les juifs portent ces phylactères, ou Tephillin, et les regardent comme des préservatifs contre l'action des esprits impurs.

Ajoutons que les Pharisiens et les Scribes ne se contentaient pas des trois citations officielles dont nous avons parlé. Ils élargissaient les phylactères, et y écrivaient d'autres textes de la Loi, pour faire parade d'une fidélité exagérée.

Pour se faire une idée précise des minutieuses observances du pharisaïsme, il faut en chercher la trace dans le Talmud où elles se fixèrent depuis. L'usage des ablutions par exemple, si commun chez les Orientaux, est fondé sur la nécessité du climat; mais les sages prescriptions de Moïse à cet égard avaient fait place à l'invasion des rites superstitieux de l'école rabbinique. Un Israélite ne pouvait manger un morceau de pain, s'il ne s'était d'abord lavé les mains, en les élevant à la hauteur de la tête. Pendant le repas, les plus zélés affectaient de se mouiller fréquemment le bout des doigts. Enfin quand ils cessaient de manger, ils pratiquaient une dernière ablution, en tenant les mains en bas, et en observant avec soin que l'eau n'allât jamais au delà du poignet. Il n'était permis de plonger entièrement le bras dans l'eau que pour le repas des sacrifices. Fallût-il aller chercher l'eau à une distance de quatre milles, les Pharisiens maintenaient l'inviolabilité de ces rites superstitieux. Le juif qui les eût enfreints, était déclaré aussi criminel qu'un meurtrier. Au contraire, celui qui les exécutait strictement était assuré du salut éternel et d'une place de choix au banquet du royaume des cieux. Le Talmud enregistre vingt-six prescriptions, relatives à la manière de pratiquer, chaque matin, l'ablution manuelle. On comprend dès lors le scandale des Pharisiens et des Scribes, quand le Christ, brisant le faisceau de leurs traditions puériles, les rappelle au véritable esprit de la loi mosaïque, et proclame le grand principe de la pureté du cœur. Un Pharisien, raconte l'Evangile, invita le Seigneur à manger chez lui. Jésus entra et se mit à table. Or le Pharisien se disait en lui-même : Voilà qu'il n'a point pratiqué l'ablution manuelle avant le repas! — Le Seigneur, prenant la parole, dit aux convives : Vous autres, Pharisiens, vous purifiez, avec un soin minutieux, le dehors de la coupe et du vase; mais il vous importe peu que l'intérieur de votre âme soit plein de rapines et de meurtres. Insensés! Celui qui a créé la nature extérieure n'a-t-il pas créé le cœur? Aveugles, purifiez d'abord l'intérieur du vase et de la coupe, afin que l'extérieur lui-même soit pur en vous. Pharisiens et Docteurs, qui portez fidèlement au Temple la dîme de la menthe, du cumin, de l'anis, de la rue et des moindres herbes potagères de vos jardins; pendant que vous abandonnez tout ce qu'il y a d'important dans la Loi, c'est-à-dire la justice, la miséricorde, la foi et la charité divine! Il vous faut sans doute exécuter les observances, mais devez-vous rejeter les préceptes? Guides aveugles, vous filtrez les moucherons et avalez un chameau !

IV

Telle est la religion formaliste et littérale. Voici maintenant, à l'autre bout du Christianisme, la tendance directement opposée, l'antithèse extrême : l'idéalisme protestant.

Car tel est bien, ce me semble, le caractère essentiel de la Réforme : le mépris de la matière, le dédain du culte visible et des pratiques extérieures, l'idéalisme religieux. Malgré des débuts sauvages et brutalement fanatiques, qui le rapprochent du vandalisme barbare ou révolutionnaire, le protestantisme est par essence un essai d'évangélisme spirituel, un christianisme d'esprit pur et le plus possible désincarné. Ses fureurs mêmes, peut-on dire, furent idéalistes, puisqu'elles s'attaquaient aux objets et monuments du christianisme extérieur, et que la Réforme fut, à proprement parler, la révolte de l'esprit religieux contre la matière religieuse.

Tout ce qui dans la religion parle aux sens, le culte et ses cérémonies, l'autel et son sacrifice, les saints, leurs fêtes et leurs statues, les sacrements, signes sensibles de la grâce, le pape, incarnation de l'autorité, le protestantisme a supprimé tout cela, au nom de la spiritualité intérieure et rationnelle. Plus même de croix sur les tombes, ni de signe de croix sur les poitrines. La rédemption ne suffit-elle pas, sans ces *ostentations* extérieures? Les trois seules concessions qu'ait faites à la matière et aux sens l'idéalisme réformateur, à savoir le temple, le pasteur et l'Ecriture, seraient illogiques et contraires à son esprit, si le temple, en dépit de son origine catholique, qui explique son architecture, n'était d'ailleurs qu'un simple lieu de réunion, comme le pasteur n'est que l'ami, le prêcheur et le conseiller des âmes. Nul canal ni intermédiaire visible n'existant entre la grâce et l'homme, il ne saurait y avoir de lieu saint ni de ministre sacré, et l'Esprit divin ne suffit-il pas à l'illumination et à la sanctification des fidèles?

Quant à l'Ecriture, où le protestantisme semble avoir, par une exception bizarre en apparence, condensé tout son culte extérieur, observons qu'en même temps que protestation contre une autorité humaine enseignante, la lettre, fétiche du judaïsme, n'est pour le fidèle réformé qu'une occasion de libre examen, c'est-à-dire d'intellectualité spirituelle. De là les sectes innombrables (1).

Car il n'y a pas à proprement parler de doctrine ni d'Eglise protestante. Chaque conscience est à elle-même sa doctrine et son église; et tan-

(1) Le libre examen est un excellent principe. Mais dans une question aussi grave que la question religieuse, où la vérité est à la fois indispensable et surhumaine, le premier fruit du libre examen, ou son dernier mot, n'est-il pas la reconnaissance de la nécessité d'une autorité spirituelle, non point éteignoir mais lumière du libre examen lui-même.

dis que tous les Juifs sont unis par les liens d'une solidarité presque effrayante, la Réforme a pour conséquence naturelle l'individualisme extrême et l'émiettement social. C'est que la société et l'Eglise sont des corps, et que le corps est l'ennemi, pour l'Idéalisme.

Ce mépris du corps et de toute matérialité religieuse domine et inspire tous les reproches que font à l'Eglise catholique les partisans de Luther et de Calvin. Elle est pour eux le retour au paganisme par un règne nouveau de l'idolâtrie, et, comme Mahomet repoussait le christianisme au nom de l'unité de Dieu, Calvin rejette le catholicisme au nom de la spiritualité chrétienne.

Le catholicisme contient pourtant le monothéisme de Mahomet et toute la spiritualité de Calvin. Mais, de même que le dogme musulman, (l'unité de Dieu), se concilie en lui avec la trinité des personnes et l'incarnation du Verbe, c'est-à-dire avec le christianisme, — ainsi dans son sein la très pure spiritualité chrétienne et calviniste n'exclut pas la sensible et judaïque matérialité des formes (1) (qui est sa manifestation extérieure), mais l'inspire et la vivifie comme un souffle et donne à ce corps une âme, comme

(1) Et cette matérialité religieuse est l'auxiliaire le plus puissant de la spiritualité. Le protestantisme, qui la repousse, reste médiocre en spiritualité pure, et ne conçoit ni la Virginité, ni le Mysticisme ni les plus hautes formes de la vie religieuse.

elle donne à son âme un corps. Ainsi que l'art et le style ainsi que la poésie et la beauté, ainsi que l'homme et le Christ lui-même, le catholicisme est une incarnation vivante.

Qui n'a lu les beaux vers de Victor Hugo sur la grâce plastique du corps humain :

> O pénétration sublime de l'esprit
> Dans le limon qu'un souffle ineffable attendrit !
> Matière où l'âme brille à travers son suaire !
> Boue où l'on voit les doigts du divin statuaire !

Ces vers pourraient servir d'épigraphe à une étude sur le catholicisme, comparé à la froideur protestante et au formalisme hébreu.

Certes, lisez les grands docteurs de la pensée catholique, et dites si l'effort de l'intelligence humaine a jamais poussé plus haut ni plus profond dans la lumière de l'Infini. Puis regardez cette bonne femme agenouillée à la table sainte, un linge blanc sous les lèvres, et qui reçoit sur sa langue une petite hostie de pain sans levain : quoi de plus simple et matériel que cela? Et c'est ce même Verbe sondé de siècle en siècle par la puissance des grands génies théologiques, que, dans la pensée catholique, reçoit la bonne femme, et que les sublimes docteurs, au sortir de leurs méditations grandioses, humblement reçoivent à genoux, dans cette petite hostie, moins brillante qu'une étoile et qui pour le catholique est plus que les mondes. Car, dans le catholicisme, le *Verbe s'est fait chair* (le juif semblait ignorer le Verbe, le protestant semble oublier qu'il s'est fait chair); la matière est entrée dans le domaine de la religion sublime, la terre comme dans l'astronomie moderne est devenue un astre du ciel, et la parcelle de pain un Dieu. Comme le Christ est l'incarnation du Verbe, le catholicisme est l'incarnation du Christ qui se perpétue ainsi, visible et vivant, dans son église. Incarnation de son autorité dans le pape et la hiérarchie du sacerdoce; de sa vérité dans les formules des dogmes et les décisions des conciles; de sa grâce dans les sacrements (1), esprit et matière tout ensemble; de sa substance enfin dans l'Eucharistie, sacrement par excellence, pain de vie et d'amour, qui consomme l'union de l'homme et de Dieu.

« L'Eglise catholique, dit un grand penseur, Ernest Hello, a une tête, un corps, un esprit... Elle s'adresse à l'homme, à l'homme tout entier, à l'homme corps et âme, parlant à son corps et à son âme... Tout en elle est profond; tout en elle est précis... Les pompes de son culte parlent aux sens de l'homme un langage à la fois humain et

---

(1) « Si nous étions de purs esprits, Dieu nous donnerait ses grâces d'une façon purement spirituelle et intérieure ; mais parce que notre âme est unie à un corps, il nous communique l'Esprit sous des enveloppes corporelles », (Saint Jean Chrysostôme, 83ᵉ homélie sur l'Ev. de saint Mathieu). — Le protestantisme est la religion des anges.

divin... Jamais elle ne propose un signe d'où l'Esprit soit absent Et quand il s'agit de propager l'Esprit, elle est merveilleusement féconde en signes, et ces signes sont merveilleusement féconds en significations profondes (1) ».

V

Puisque je viens de citer Hello, qu'on me permette de terminer ce chapitre par une page de mon étude sur ce grand homme, page qui a pour titre : *Le corps et l'âme en littérature*. Elle a ici sa place, car tout se touche, tout se tient dans la profonde harmonie des choses, et la vérité littéraire est la vérité religieuse.

Il s'agit du *Style*.

« Qu'est-ce donc, au fond, que cette puissance mystérieuse qui n'est pas l'idée, l'idée pure et abstraite, quelque splendide qu'on la suppose; qui n'est pas la forme, forme vide et séparée, la rhétorique, si brillante soit-elle? Quel est donc le vrai nom du style?

---

(1) Il est remarquable que Jésus ne fit guère acte divin sans signe extérieur et matériel. Il prend la main de la jeune morte, il touche le cercueil du fils de la veuve, en même temps qu'il dit : Levez-vous. Il met de la salive dans l'oreille du sourd-muet, et de la boue sur la paupière de l'aveugle. Il parle en paraboles. Il incarne dans l'humain ses actes les plus divins, comme il est lui-même l'incarnation du Verbe.

Le voici :

Le style est une incarnation.

Je m'arrête sur ce mot qui ouvre un horizon vaste.

Le style, qui n'est ni la forme, ni l'idée, est l'incarnation de la forme dans l'idée, leur synthèse vivante, leur unité humaine et personnelle.

Le style comme l'homme, est fait d'un corps et d'une âme.

La forme, c'est le corps; l'idée, c'est l'âme.

Leur union, c'est le style.

Quand je dis leur union, je ne dis pas assez : c'est leur unité qu'il faut dire. Dans le vrai style, le corps et l'âme ne font qu'un : l'idée, matérialisée, est toute image; le mot, spiritualisé, est toute expression.

Or, il y a là, dans cette simple question littéraire de la compénétration mutuelle de l'idée et du mot, de l'esprit et du signe, de l'âme et du corps, plus qu'une question littéraire. Il y a là toute la philosophie, toute la théologie catholique.

Toutes les erreurs philosophiques sur l'homme consistent ou à nier son âme (matérialisme), ou à oublier son corps (idéalisme), ou à méconnaître leur utilité avec Platon, Pythagore, la métempsycose, Descartes même, qui fait du corps une machine et de l'âme une pensée pure, — illusion aisément détruite par les modernes études de psychologie physiologique, études éminemment favorables aux doctrines de saint Thomas d'Aquin

De même, toutes les erreurs littéraires consistent à négliger ou la forme, ce qui est détruire l'art, ou le fond, ce qui est l'avilir, ou leur union intime, leur unité vivante, ce qui est l'habitude des rhéteurs et des pédants.

Je disais tout à l'heure que cette question philosophique de l'âme et du corps, que cette question artistique et littéraire était, de plus, une question théologique et religieuse.

Est-ce que l'Idolâtrie et l'Incrédulité ne sont pas les deux grands phénomènes antichrétiens qui résument les deux tendances antique et moderne? Or, qu'est-ce que l'idolâtrie antique, et la superstition qui en subsiste encore? Qu'est-ce que l'incrédulité moderne, et la sophitique grecque qui l'annonçait déjà?

Il faut lire, il faut méditer les pages de *Philosophie et Athéisme* consacrées à l'admirable synthèse de l'esprit et du signe, de l'âme et du corps en religion. Tout se résume pour Hello dans le mot fameux de saint Paul : « L'invisible par le visible. »

Adam, dit-il, a connu cet ordre admirable et admiré par Dieu même : les signes sensibles avaient devant lui une transparence qui le conduisait au type invisible. Mais Adam pécha : ce fut l'heure de la rupture.

La mort est la séparation de l'âme et du corps, du signe et de l'idée. L'erreur naquit : dès lors, les uns, dans l'oubli complet de l'invisible, adorèrent des signes sensibles qui ne signifiaient plus rien. Les autres, dans l'oubli complet des réalités visibles, adorèrent une sagesse tronquée et vaine qui sortait tout armée de leur cerveau.

La sophistique adora une certaine sagesse et s'égara sur elle.

L'idolâtrie adora certains objets matériels et s'égara sur eux, jusqu'à ce que le Messie attendu des Juifs et désiré des Nations vînt rétablir l'harmonie perdue, et fonder l'Eglise en qui réside l'esprit qui vivifie, et vivifie par le signe sensible, par le sacrement.

« L'Incrédulité méprise le signe sensible », dit fort bien Hello. Il y a dans ce mot toute l'histoire du Protestantisme, père de l'incrédulité moderne. Le protestantisme, cet Idéalisme religieux, est le culte de l'idée, comme le judaïsme, cette antique figure, jadis expressive, morte aujourd'hui, est le culte de la forme. Seule, la religion catholique, vraie religion humaine et complète, s'adresse à l'homme tout entier, corps et âme.

« Elle tient compte de tout; elle ne verse d'aucun côté : elle possède un équilibre divin (1) ».

(1) Hello, *Philosophie et Athéisme*.

CHAPITRE VII

CATHOLICISME

I

Des *apologistes* catholiques, pour me servir de ce mot ridicule (comme s'il s'agissait en religion de faire l'apologie de son église et non point d'établir la vérité), des philosophes, remarquables d'ailleurs, du commencement du XIXe siècle, prétendaient tirer toutes les religions d'un catholicisme originel et complet, dont elles auraient été les dégradations successives, jusqu'au fétichisme actuel de nos peuplades sauvages. Cette théorie absolue, qu'on baptise dans la langue philosophique, du nom de Traditionnalisme, et que l'état très rudimentaire encore de nos connaissances sur les origines religieuses, ne permet pas de vérifier, — amena comme réaction naturelle (car l'excès appelle l'excès), la théorie directement opposée, et non moins indémontrable, du fétichisme primitif, d'où seraient sortis, de progrès en progrès, le christianisme et le catholicisme actuel des peuples civilisés.

La vérité de ces hypothèses, vraies et fausses

toutes deux sans doute, car la réalité historique est plus compliquée que chacune d'elles; l'âme de vérité de ces deux erreurs et le point où elles s'accordent, comme pour confirmer l'idée centrale de ce livre, c'est que le catholicisme (soit que tout en découle, soit que tout y aboutisse) est la plénitude et la perfection religieuse.

Certes, il y a de belles parties dans toutes les religions, comme il y a des vérités dans tous les systèmes philosophiques. Un savant anglais, W. Scott, en un volume que je regrette de ne pas voir traduit dans notre langue, *Foregleams of Christianity*, excelle à mettre en lumière la vérité de toutes les erreurs, la légitimité de tous les systèmes, faux par ce qu'ils nient, vrais par ce qu'ils affirment.

Voici une page remarquable de ce volume :

« Le Matérialisme perçoit avec raison l'existence, les propriétés et les effets de la matière mais a tort de conclure qu'il n'y a rien de supérieur à ce qui se voit.

« Le Fétichisme aperçoit avec raison la manifestation par la matière de quelque chose de vénérable, de divin, mais a tort de conclure que la substance du divin n'a pas à être recherchée ailleurs que dans la matière.

« Le Panthéisme aperçoit avec raison que le divin manifesté par la matière tend à quelque chose de supérieur à la matière : à la vie — mais a tort de conclure que la connexion est nécessaire et que toute vie est divine.

« Le Polythéisme aperçoit avec raison les manifestations variées du divin, mais a tort de conclure que le divin n'a pas d'unité de substance ou d'unité d'action.

« L'Anthropomorphisme aperçoit avec raison que le divin est plus manifeste dans l'homme que dans aucune autre créature, mais il a tort de conclure que les attributs divins ont des limitations humaines.

« Le Dualisme aperçoit avec raison que le divin est le bien, lequel est radicalement opposé au mal; mais il a tort de conclure que le mal existe par lui-même ou ne peut pas être dominé par le bien.

« Le Monothéisme aperçoit avec raison que tout bien dérive d'un centre unique, Dieu, mais a tort de conclure qu'il n'y a ni mouvement ni relation en Dieu.

« Le Mysticisme aperçoit avec raison une vie divine dans l'homme, mais a tort de conclure qu'il est libre dès lors de l'influence du mal, des illusions des malins esprits ou de sa propre imagination. »

Notre penseur ajoute :

« Etant donné la révélation divine, et ces trois grands dogmes de la Trinité, de l'Incarnation et de la Rédemption, la théologie chrétienne peut construire sur eux une synthèse métaphysique, capable de rejeter les hérésies et d'*harmoniser les vérités de tous les systèmes*. »

Voici ce que dit l'Incarnation :

« L'Incarnation est une révélation des trois personnes de la sainte Trinité, dans l'Unité du Père qui a tant aimé le monde qu'il lui a donné son Fils unique, du Verbe en qui l'idéal de l'humanité est une réalité, et du Saint-Esprit qui est la substance de la vie de sacrifice échangée entre le Père et le Verbe; — la nature parfaitement humaine du Christ unie à la Personnalité divine étant la Voie du Père, la Vérité du Verbe et la Vie du Saint-Esprit. »

La conclusion de tout le volume est que les chrétiens n'ont aucun juste motif de prendre offense quand on les accuse d'anthropomorphisme, de fétichisme, de mysticisme, etc... « Car dans le Credo de la Chrétienté les vérités vitales de toutes les religions trouvent leur place, et leur place véritable, harmonisées qu'elles sont par les doctrines synthétiques de la Trinité, de l'Incarnation et de la Rédemption, par ces grands dogmes conciliateurs qui empêchent les vérités religieuses de se contredire les unes les autres. »

Je n'ai pas été peu surpris de trouver dans ce livre d'Outre-Manche la réponse exacte à mes idées personnelles, comme je la trouvai un jour en Allemagne dans cet autre penseur, Hetsch, dont la vie et la conversion ont été racontées en un volume profondément suggestif par une plume française (1). Lentement la grande synthèse se

---

(1) Hetsch, par Netty du Boys

prépare au fond des âmes, comme à travers les doctrines. Tout converge vers cette Doctrine unique et totale qui devra satisfaire aux instincts religieux d'une manière plus universelle et plus profonde; qui devra, par là même, contenir dans son sein tous les éléments des autres religions; qui devra posséder une sorte de catholicité de doctrine, de rites et d'institutions, reproduisant en elle-même tout ce qui est bon et vrai d'ailleurs, et n'excluant que ce qui est contraire à la beauté, à la morale, à la perfection de l'idéal religieux.

« Or, se demande l'éminent auteur des *Problèmes et conclusions de l'histoire des religions*, quelle est la religion vraiment universelle, dont les doctrines et les rites répondent à tous les bons instincts du cœur humain? Ce n'est pas le polythéisme antique, auquel manque la grande idée du Dieu créateur qui anime les cultes monothéistes; ce n'est pas le judaïsme, religion locale et nationale; ce n'est pas l'islamisme, dont l'idéal moral est si abaissé et qui réduit le sentiment religieux au respect et à la crainte sans amour; ce n'est pas le bouddhisme qui détruit l'idée de Dieu et propose le vide ou l'impersonnel comme béatitude suprême. Mais si nous considérons le christianisme, principalement le christianisme catholique, nous y trouvons précisément cette universalité de doctrines que nous cherchons. Nous y trouvons le même monothéisme que dans la religion de Moïse, la même prescription du culte exclusif du Créateur. Comme dans le judaïsme et le mahométisme, c'est un Dieu invisible que les chrétiens adorent, mais les mystères chrétiens modifient, au point de vue de l'imagination et du cœur, l'austérité du culte de Jéhovah. D'une part son unité, sans être diminuée, s'entr'ouvre en quelque sorte pour manifester la société des trois personnes qui subsistent en elle, et, d'autre part, l'une de ces personnes se manifeste en chair et offre à l'humanité la Divinité invisible sous une chair visible, qui lui appartient en propre et qui n'est pas un simple symbole.

« Par l'effet de ces dogmes, la forme extérieure de la prière et du culte se rapproche de ce qui existait dans le polythéisme antique, l'invocation s'adressant à plusieurs objets d'adoration et la Divinité se présentant sous forme visible à ses fidèles. Mais ce n'est pas tout. Un grand nombre des formes et des usages des cultes de l'antiquité grecque et de l'Orient trouvent place dans la liturgie et la discipline catholique (1). Le sacri-

---

(1) Je cueille dans un journal *anticlérical* la boutade sceptique que voici :

« Comme je sortais, l'autre dimanche, de la cathédrale, un de mes amis m'aborde :

« Que faites-vous là, vous, libre-penseur ? En quoi ce qui se passe sous ces voûtes gothiques peut-il vous intéresser ?

« Cela m'intéresse beaucoup, répliquai-je. J'y vois des choses infiniment curieuses et typiques au plus haut point. J'y

fice, spiritualisé, il est vrai, est, comme dans l'antiquité, le centre de la religion. Le culte des images rappelle les formes extérieures du paganisme. L'ascétisme, en usage dans l'Inde, se retrouve dans la vie monastique catholique. Le célibat est conseillé, comme dans le bouddhisme, mais sans rien ôter à la sainteté du mariage. Jésus-Christ remplit aux yeux des chrétiens ce rôle d'homme idéal, de libérateur, de docteur, que l'on rencontre dans plusieurs des grandes religions.

« Le sacerdoce et son autorité, la hiérarchie avec un chef suprême, qui existent dans un grand nombre de cultes, se retrouvent encore dans la religion catholique. On peut dire, en un mot, que toutes les formes religieuses, sauf celles qui sont immorales et absurdes, comme par exem-

vois des prêtres chrétiens, en des fêtes d'origine chaldéenne, vêtus d'ornements persans, officier selon des rites hindous, en chantant de la musique grecque, des cantiques hébreux, traduits en langue latine ! »

Cette critique n'est-elle pas le plus bel éloge de la catholicité du culte, reflet lui-même et symbole de l'universalité des doctrines?

De même pourrait-on dire, en un certain sens supérieur, que toutes les doctrines religieuses viennent, comme on l'a dit, du judaïsme, s'achever et se couronner dans le christianisme catholique.

L'*Imitation de Jésus-Christ* n'est-elle pas une œuvre de pur bouddhisme ? (bien qu'elle soit aussi autre chose) ; les Psaumes ne sont-ils pas juifs, et les œuvres des Pères, protestantes par le libre examen ?

ple le culte des animaux (1), se rencontrent reproduites dans cette religion; d'où il résulte qu'elle est adaptée à toutes les aspirations du cœur humain auxquelles les autres cultes devaient satisfaire, et que l'on peut dire d'une religion quelconque, fût-ce le fétichisme ou le culte des esprits, qu'elle est un fragment ou une déformation du catholicisme, qui est le type universel auquel on peut rapporter tous les cultes.

« Observons maintenant que ce caractère d'universalité n'appartient, parmi les cultes historiques, qu'à la religion catholique, et qu'on ne peut l'attribuer à aucune autre religion. Si l'on choisissait l'islamisme, par exemple, comme type universel des religions, *le type serait trop étroit;* les cultes païens, et le bouddhisme athée, n'auraient rien de commun avec lui. Réciproquement, pris comme type, le polythéisme excluerait les cultes monothéistes, les plus élevés qui existent sur la terre, et le bouddhisme serait absolument opposé au judaïsme primitif. Dans le bouddhisme, en effet, le caractère religieux provient uniquement de l'idée de la vie future; l'idée de la divinité est exclue. Dans le judaïsme, c'est l'adoration de Jé-

---

(1) Et encore, l'Agneau de Dieu, la céleste Colombe, ont leur place dans le langage et la liturgie catholique, et le culte du Dragon (que tant de peuples ont sur leurs drapeaux), le culte du Serpent et de l'arbre au Serpent, si répandu dans une foule de religions païennes, ne sont-ils point la corruption de souvenirs orthodoxes ?

hovah qui est l'essence de la religion, et la vie future joue un rôle si peu important, que l'on a pu mettre en doute si elle faisait partie de la croyance des Hébreux.

« Ainsi, dans toutes les religions historiques, nous voyons une conception *partielle et tronquée* de la religion. La religion y est mise en accord avec les besoins spéciaux d'une race et d'un peuple. Le catholicisme présente seul le type d'une religion unique s'adressant à tous les hommes et contenant en elle-même ce qu'il y a de beau et de bon dans toutes les religions, ou plutôt contenant en elle-même la *perfection des éléments* qui se trouvent à l'état *imparfait et grossier* dans les autres cultes. »

II

Le catholicisme est si bien universel, et ses fragments brisés ou, si vous préférez, ses linéaments, ses ébauches, les pierres éparses de son édifice encombrent si bien partout les chantiers de la pensée religieuse, qu'au risque de se contredire l'un l'autre, des savants comme M. Jacolliot font sortir le christianisme de l'Inde, d'autres comme M. Emile Burnouf veulent que la doctrine chrétienne soit d'origine persane, tandis que M. Havet soutient la thèse qu'elle n'est qu'une transformation de l'hellénisme, au rebours de Strauss et de Renan qui ne contestent pas son origine hébraïque.

Il est certain que l'idée indienne d'incarnation, comme l'idée bouddhiste de salut et de délivrance, comme l'idée essénienne de pureté et de baptême, comme l'idée persane de dualisme et de lutte des deux principes ennemis, comme enfin l'idée biblique et juive du Dieu personnel et créateur, se trouvent dans le catholicisme. Mais, alors même, ce qui est faux, que le christianisme tout entier pourrait être ainsi reconstruit avec des éléments pris dans les divers cultes, comme une mosaïque ou une pièce de marquetterie, son originalité ne serait pas détruite. Il existe, en effet, dans la religion de Jésus-Christ, une unité et une harmonie qui ne se trouvent pas dans les fragments détachés que l'on veut lui comparer. Le musulman adore un Dieu unique, le brahmane croit à une trinité, le bouddhisme vénère des reliques et loue la chasteté, l'égyptien croit à un jugement après la mort. La religion catholique contient toutes ces doctrines et conseille toutes ces pratiques. Mais cela veut-il dire que la religion catholique soit le mélange de tous ces cultes, et qu'il n'y ait rien de plus en elle que ces éléments qui lui sont communs avec eux? Nullement, il y a autre chose que les éléments : il y a l'unité vivante qui les assemble.

La ressemblance, d'ailleurs, ne suppose nullement l'imitation et l'emprunt. Que diriez-vous de quelqu'un qui refuserait de croire au génie de Raphaël sous prétexte que ses couleurs et ses personnages se retrouvent sur maintes toiles vulgaires? Mais c'est dans la touche et l'harmonie que se révèle par des traits d'inimitable délicatesse la main du Maître immortel. Dans toutes les grandes villes du monde il y a des palais, des théâtres, des tribunaux, des gares, etc., cela prouve-t-il que ces divers monuments se soient copiés d'une ville à l'autre? Les religions se ressemblent en ce qu'elles sont destinées à satisfaire la nature religieuse de l'homme. Le besoin de la prière, le besoin de l'adoration, celui de l'expiation, l'aspiration à la vie future, les terreurs de la conscience, la crainte d'êtres invisibles, la croyance au surnaturel, sont des sentiments naturels du cœur humain, — satisfaits partiellement, médiocrement, honteusement quelquefois par les religions humaines, — supérieurement, totalement, divinement par la religion divine, dont toutes les autres ne sont, pour ainsi dire, que des arrêts de développement et des esquisses grossières. L'idée même d'un Sauveur pouvait naître chez l'homme du sentiment de sa misère, et le Christ pouvait être, sous diverses formes, le Désiré des nations, celui qu'elles ont cherché à inventer parce qu'elles en avaient besoin et ne le possédaient pas. Le christianisme est l'œuvre divine correspondante au rêve des hommes, et la vraie religion a pu ne paraître dans l'histoire qu'après les ébauches que l'homme avait faites pour combler les vides de son cœur et les défaillances de sa nature.

L'église éclectique de Max Müller, la synthèse religieuse rêvée récemment par les brahmoïstes de l'Inde, existe et vit sous nos regards qui l'ignorent. Admirez surtout comment, dans la doctrine catholique, les éléments épars des religions de l'univers s'accordent dans une exacte harmonie.

Ainsi que l'observe fort bien l'auteur précédemment cité, la religion catholique nous présente à la fois le monothéisme et certaines formes analogues à celles des religions polythéistes et que les *autres religions monothéistes, judaïsme et islamisme, ont rejetées*. Or, ces éléments en apparence opposés sont-ils laissés sans conciliation et sans harmonie? La réponse se trouve dans la théologie catholique, et principalement dans la doctrine des premiers conciles. Les études sur la Trinité, les discussions des conciles de Nicée et du premier concile de Constantinople, ont eu précisément pour but d'établir, autant que cela est possible avec le langage humain et la pensée humaine, inférieurs à de si grands mystères, l'accord entre l'unité transcendante du Dieu suprême et la multiplicité des personnes divines (1). Tan-

---

(1) Cet accord de l'unité et de la pluralité est d'ailleurs une des grandes lois universelles. L'espace est triple et un. Dans les organismes vivants, la plus haute perfection correspond au maximum *d'unité* jointe au maximum *de distinction* des orga-

dis que les triades païennes, molles et changeantes confondent le fini et l'infini, la doctrine catholique distingue d'une façon absolument précise le monde supérieur de l'éternité où vivent les personnes divines, et le monde inférieur des êtres créés. La divinité reste transcendante et parfaitement une; elle ne se divise pas, ne s'abaisse pas, et cependant le Dieu chrétien n'est plus le Dieu solitaire qui effrayait le cœur et troublait l'imagination; la paternité, la filiation, la vie, la société, l'amour, toutes les beautés de l'infini, dont les beautés du monde inférieur sont l'image, apparaissent aux yeux des fidèles. Et cette vie et cet amour, bien loin de nuire à l'unité divine, la constituent au contraire, car Dieu est précisément ce *sacrifice éternel qui s'accomplit dans les profondeurs de l'Etre;* et n'y a-t-il pas dans ce mot le germe divin de la religion et de la morale humaines, qui sont essentiellement sacrifice.

Comme la Trinité, l'Incarnation est un dogme conciliateur et synthétique. Entre la divinité immobile, l'Absolu mort de l'Orient grandiose, et la multitude des dieux agités du panthéon occidental, le Christ est la conciliation céleste.

La présence de la divinité sous forme visible

---

nes. Poussez à l'infini cette coexistence de l'unité et de la distinction, co-existence qui nous frappe en toutes choses, et vous avez la distinction de personnes dans l'unité consubstantielle et simple.

sur la terre alterne chez les païens entre un anthropomorphisme grossier qui assimile l'Être suprême aux créatures, et un symbolisme vague qui ne diminue en rien la difficulté pour l'homme d'entrer en rapport avec l'Infini. L'Incarnation chrétienne, définie par les conciles d'Éphèse et de Chalcédoine, établit au contraire un lien précis entre le monde absolu et le monde contingent, et fait vivre réellement Dieu sur la terre, sans qu'il cesse d'être le souverain invisible de l'univers. La même doctrine pure et idéale rejette comme des scories les grossières analogies païennes, les incarnations dans des corps d'animaux, ou dans la personne d'hommes coupables ou corrompus, tels que Civa ou Krishna. Comme Hercule et d'autres héros, le Christ a une origine céleste et miraculeuse; mais à la place des fables grossières et scandaleuses par lesquelles le paganisme explique cette union du ciel et de la terre, l'Évangile nous montre un type de pureté parfaite dont la beauté se confond avec la Morale même, qu'elle dépasse et couronne.

Nous trouvons une autre synthèse dans la vie de Jésus, c'est l'union de la perfection, de l'idéal, avec la pleine réalité historique. Chez tous les autres fondateurs de religion, ces deux éléments sont séparés : dans le Christ ils sont unis.

Ce caractère synthétique, divinement simplificateur, est celui de tous les dogmes du christianisme catholique, qui m'apparaît de plus en plus comme l'idée pure et parfaite de ce qui est ailleurs délayé ou incomplet. Le dogme du purgatoire par exemple ne contient-il pas, à l'état pur et en quelque sorte simplifié, tout ce que les doctrines spirites ou hindoues des vies successives destinées à purifier l'âme, peuvent avoir de philosophique et de moral? *Ces fautes antérieures* qui expliqueraient nos souffrances actuelles, n'ont-elles pas aussi leur synthèse toute simple, quoique infiniment mystérieuse, (mais le divin ne doit-il pas être infiniment mystérieux?) dans ce péché originel, qui, obscur lui-même sans doute, n'en éclaire pas moins toutes choses terrestres d'une lueur révélatrice, et constitue, avec la Rédemption, le couronnement religieux de la plus haute des vérités sociales, la solidarité humaine. Solidarité qui d'ailleurs n'exclut pas son contraire, la liberté individuelle, — de même que les souffrances des innocents, s'il y en a, ne heurtent pas la justice, puisque, avec l'honneur d'expier pour d'autres et d'être en quelque sorte les corédemptrices du genre humain (en vertu du dogme fraternel de la réversibilité des mérites et de la solidarité humaine), elles offrent à leurs victimes le contre-poids magnifique d'un proportionnel accroissement de mérite propre et de joie éternelle.

Ainsi tout s'harmonise dans la doctrine totale. Mais continuons le parallèle.

Les liturgies païennes contiennent l'idée de

l'expiation, de la purification, du pardon, exprimée quelquefois sous une forme très énergique. Mais, en attribuant aux cérémonies une puissante efficacité, elles n'en indiquent pas la cause, et par conséquent donnent à ces cérémonies un caractère irrationnel et magique. Elles négligent aussi, en général, les dispositions morales et permettent d'associer la pureté liturgique à la corruption du cœur. La doctrine catholique des sacrements, aussi énergique que les croyances païennes quant à l'efficacité des cérémonies, attribue cette puissance à la volonté du Dieu créateur, en exclut toute magie et maintient la nécessité des dispositions du cœur et du bon usage de la liberté : c'est l'harmonie parfaite de la raison, de la religion et de la morale, — trois choses très souvent séparées dans les religions humaines.

Le culte des saints et celui des images ressemblent extérieurement aux cultes des dieux païens et à l'idolâtrie; mais la doctrine monothéiste, qui anime la religion tout entière, transforme ces cérémonies; la vénération des saints se distingue de l'adoration, et l'image ne se confond pas avec la réalité. En outre, des liens étroits rattachent le culte des saints à celui du Christ leur chef, qui leur communique sa vie, le culte des images à la manifestation visible de la divinité en sa personne; le culte des reliques au dogme de la résurrection des morts et à la résurrection du Christ, type de toutes les autres. Aussi, ces usages et ces pratiques, qui, s'ils étaient isolés, seraient répréhensibles, deviennent des conséquences légitimes et des corollaires des doctrines fondamentales du christianisme. Même supériorité, même modération dans la hiérarchie catholique. Le chef de cette hiérarchie a une autorité divine et infaillible, mais cette autorité ne va pas, comme celle des *imans* de l'islamisme persan, jusqu'à être une prophétie permanente, ni, comme celle des *gurus* de l'Inde et des *Lamas* du Thibet, jusqu'à être une perpétuelle incarnation de la divinité.

En un mot, dans la religion catholique, tous les éléments communs entre le christianisme et les autres cultes sont chacun à leur place, se limitant et se modérant l'un l'autre, et toujours en accord avec un idéal moral élevé et sublime. Cette harmonieuse organisation d'éléments partout ailleurs dispersés, se rencontrant dans une seule religion, ne prouve-t-elle pas qu'elle est surhumaine? L'Harmonie est chose divine.

Au reste, il ne faut pas croire, continue notre philosophe, que cette puissance de s'adapter à tous les bons instincts de l'humanité, en les mettant en accord entre eux, soit pour une religion une cause de popularité et de succès. Par le fait même qu'une telle institution est prête à répondre, d'une façon juste et modérée, à tous les besoins légitimes des cœurs, elle est obligée de résister à l'excès de chacune des tendances dont elle doit régler l'action. Nécessairement, une telle religion se trouve en opposition et en guerre *avec les exagérations des diverses sectes.* Elle devra combattre l'idolâtrie, mais il lui faudra aussi faire face aux iconoclastes. Elle devra enseigner la nécessité absolue de la grâce, mais elle ne pourra pas céder à ceux qui veulent anéantir la nature et le libre arbitre. Elle prêchera l'abondance des miséricordes de Dieu, mais elle ne devra pas laisser oublier sa justice. Elle aura des formes de cultes répondant aux instincts des divers peuples du monde, et devra concilier l'austérité des peuples du Nord avec l'éclat joyeux des fêtes nécessaires aux méridionaux. Elle encouragera et louera l'ascétisme et la vie contemplative si chers à certains peuples de l'Orient, mais elle ne devra ni combattre ni décourager la vie active, le travail agricole et industriel, l'emploi de ces forces que Dieu a données à l'homme pour transformer le monde. Elle risquera en outre, précisément parce qu'elle est cosmopolite et universelle, d'exciter la défiance des divers peuples et de leurs gouvernements. Cette universalité même, cette nécessité d'être adaptée à tous, est donc une faiblesse tout autant qu'une force, et ne saurait être considérée comme l'explication du succès et de la durée d'une institution. Si l'on observe, en outre, qu'une telle œuvre a contre elle la coalition de tous les instincts pervers de l'humanité, qu'elle est obligée de lutter contre l'orgueil et la sensualité dont elle est nécessairement l'ennemie, on comprendra la nécessité, pour la durée d'une telle œuvre, d'un principe de vie surnaturel et divin.

Quant à l'avenir, il y a des raisons de croire que nous marchons vers une séparation de plus en plus profonde entre une religion complète, conservant et résumant tout ce qu'il y a de bon dans les traditions religieuses du passé, et une complète et absolue irréligion. La religion totale est dans l'avenir l'héritière naturelle de tout ce qu'il y a de bon et de vrai, de tout ce qu'il y a d'honnêteté, de croyance sincère et de religion véritable dans les religions humaines. Malheureusement il y a aussi dans l'homme le mal, l'amour de l'erreur, les passions qui ne veulent pas se laisser contenir, l'étroitesse de l'esprit, l'orgueil qui rejette toute autorité. La ruine des religions partielles, ruine qui peut être tardive mais qui arrivera un jour, comme l'exige une invincible logique, doit donc produire, en face de la religion totale qui en recueillera tout le bien, une puissance directement irréligieuse, toujours croissante et ennemie mortelle de la religion divine.

N'est-ce point déjà le spectacle que nous avons sous les yeux?

Ainsi tout s'éclaire pour l'esprit large et conciliateur, et la Religion existe. On a dit spirituellement du fondateur du Musée des religions, M. Guimet, qu'il avait catalogué, classé étiqueté deux infinis : la foi religieuse et la bêtise humaine. Ce sont deux infinis en effet. Mais la bêtise humaine n'est que l'accident et pour ainsi dire l'arrêt de développement de la foi religieuse, cet instinct universel de l'humanité et qui ne saurait être une bêtise absolue. Car de même que toute fonction biologique a son corrélatif dans la réalité, que l'odorat suppose les odeurs, l'œil la lumière, et que tout organe a son but et sa satisfaction naturelle, les facultés supérieures de l'homme ne peuvent donner dans le vide. A l'instinct religieux doit correspondre la vérité religieuse, sans quoi l'homme aurait un organe superflu, une paire d'ailes inutiles, et le grand besoin de l'humanité ne serait que son illusion suprême.

En une allégorie charmante, un philosophe incroyant, M. Guyau, nous parle d'une femme dont l'innocente folie était de se croire fiancée, et à la veille de ses noces. Le matin, en s'éveillant, elle demandait une robe blanche, une couronne de mariée, et, souriant, se parait. « C'est aujourd'hui qu'il va venir », disait-elle. Le soir, une tristesse la prenait après l'attente vaine; elle ôtait sa robe blanche, mais le lendemain avec l'aube sa confiance revenait. « C'est pour aujourd'hui ». Elle passait sa vie dans cette certitude toujours déçue et toujours vivace, n'ôtant que pour la remettre, sa robe d'espérance.

L'humanité est-elle cette folle, et le fiancé mystique de l'âme la condamne-t-il par son éternelle absence à l'alternative de prostitutions grossières ou de désespoirs athées? Si les religions prouvent la bêtise humaine, ne prouvent-elles pas aussi la *Religion*, dont elles ne sont que des dégradations dans l'ombre ou des pressentiments dans l'aurore, et la synthèse des erreurs ne serait-elle point la Vérité, promise à l'intelligence et à l'amour?

CHAPITRE VIII

PHILOSOPHIE

I

Dans mon volume *Ernest Hello*, qui est plutôt une application de ma philosophie qu'une appréciation exacte de ce grand homme, j'écrivais ces lignes :

« La vérité est un superbe équilibre de toutes les idées unies; c'est la synthèse musicale des lumières. Il est facile, en n'écoutant qu'une note, en isolant une nuance, en ne prenant qu'une idée et en entourant ce point d'une poussière d'objections, de faire des railleries ou des systèmes. Car, notez-le, qu'est-ce qu'un système? C'est un débris de la vérité, une note emprisonnée du grand concert. Elle est fausse, mais rendez-la à la liberté, rendez-la à l'ensemble, et écoutez l'harmonie ! Il n'y a qu'une philosophie, comme il n'y a qu'un ciel, contenant dans son immensité tous les mondes. Et certes non, le vrai penseur ne nie pas le petit monde étroit de chaque système; oui certes il est matérialiste, si le matérialisme est l'affirmation de la matière, de ses forces et de ses splendeurs. La matière est un monde magnifique et qui croît de jour en jour en beauté sous le regard patient de la science investigatrice. Mais si sous prétexte qu'il est beau, qu'il est grand, ce monde-là s'imagine être le seul de l'univers intellectuel, et courber autour de lui la voûte des choses, (comme en astronomie le système de Ptolémée), pour m'en faire une prison aux clous d'or; si, sous prétexte que le suçoir de ses punaises est un chef-d'œuvre et que ses feuilles de roses sont parfumées, le matérialisme veut m'endormir dans son doux lit de Procuste, en ne me laissant pour tout le reste que le droit au rêve; si ce mondicule — mondicule dont les cailloux sont des millions et des milliards de soleils, mais mondicule quand même, — si ce petit monde inférieur veut m'empêcher de lever les yeux et de saluer les mondes de l'infini, je lui donne le coup de pied de Galilée, et comme Newton je lève les yeux et je salue avec Flammarion la pluralité des mondes. Il y a d'autres mondes dans l'univers intellectuel que la matière et le matérialisme.

« Je pourrais prendre un à un tous les systèmes, et les dépouillant de leur esprit d'exclusion, délivrant les idées captives (car il y a une âme de vérité, dit fort bien Spencer, en toute erreur) des emprisonnements que l'esprit étroit leur impose, je recontituerais par la réunion des philosophies éparses la philosophie universelle. Car on parle beaucoup des contradictions des philosophes (et de là leur discrédit et le doute en bien des âmes). Mais, remarquez-le bien, ce ne sont pas les idées qui se contredisent, mais les systèmes, c'est-à-dire les prisons où les idées sont retenues isolées et exclusives par l'esprit étroit... Elargissez les prisonnières, faites tomber les murs de séparation, et toutes ces idées partielles vont s'unir dans l'ampleur de l'universelle synthèse et constituer les faces multiples, les teintes opposées, mais harmonieuses, de la philosophie unique et totale où tout est réconcilié. »

J'ai tenté ailleurs un essai de conciliation philosophique, le présent volume est un essai de conciliation religieuse.

Or, il est remarquable que ces deux synthèses la philosophie totale, la religion universelle, s'emboîtent et s'adaptent exactement l'une à l'autre, comme deux cercles qui auraient le même centre et qui s'envelopperaient.

Car le catholicisme n'a pas seulement pour lui d'être la synthèse religieuse; il se trouve qu'il est encore, par une harmonie plus vaste et que nous allons constater, le couronnement de la synthèse philosophique.

II

Il est vrai qu'au premier regard distrait du

spectateur superficiel, le catholicisme offrirait plutôt les apparences d'un paganisme très touchant, très pur, mais de philosophie douteuse et enfantine. Ce Dieu humain semble rappeler Jupiter. Simple apparence, car un abîme les sépare. Jupiter n'est ni homme véritable ni Dieu (avec une majuscule) il n'est ni l'Infini ni le mortel. C'est un nuage vivant qui flotte entre le ciel et la terre, mélange choquant de quelques passions humaines et de quelques rayons de divinité.

Lisez au contraire les Pères et les docteurs de l'Eglise chrétienne, saint Augustin, saint Denys, saint Thomas d'Aquin : vous y verrez la notion la plus pure, la plus haute, la plus totale, la plus sublime de la divinité, qui soit possible à l'intelligence humaine. Et c'est ce Dieu de la plus transcendante philosophie qui est celui de la théologie catholique. Regardez ensuite Jésus : quel homme fut plus humain que cet homme-là? Il est le fils de l'homme, il est l'homme même, l'homme idéal et en même temps réel. *Ecce Homo.*

Quand le dogme parle d'Incarnation, c'est donc bien l'incarnation de l'Infini et de l'Absolu transcendants dans notre vraie nature humaine qu'il entend dire; c'est l'embrassement des deux extrêmes, l'homme et Dieu, dans une étreinte qui constitue la Religion même en sa plénitude humano-divine. *Et homo factus est* (Ici on se prosterne, dans la liturgie catholique, car c'est le mystère des mystères, c'est l'anéantissement de l'Infini).

Le plus grand penseur est celui qui sonde le plus profondément le double abîme de la misère créée et de la Splendeur éternelle; le plus grand poète est celui dont l'âme sait le mieux gémir de ce monde et aspirer à l'Au-delà; la plus belle prière est celle qui du néant le plus profond monte vers l'Etre le plus sublime.

Or, l'ineffable mystère chrétien est la réponse de l'Etre, de l'Au-delà et de la Splendeur, au néant, au soupir et à la misère. Il est le couronnement céleste de la pensée, de la poésie et de la prière humaine.

Chacun de ses dogmes, jadis obscurs, commence à apparaître aujourd'hui comme l'aboutissant divin de chacune des grandes lignes de la philosophie universelle.

Prenez une vérité catholique quelconque, la Trinité par exemple, elle rayonne en tous sens, et partout vous trouvez ses reflets. La Trinité, ce mystère suprême, est la première des lois scientifiques et générales. Au temps de Voltaire (mais que Voltaire est vieux aujourd'hui!) on se raillait agréablement de cette absurdité pieuse et l'esprit plaisantait dans les salons sur l'arithmétique de l'Eglise. Eh bien, la Science a répondu à Voltaire, et la Trinité est partout. Elle est dans le soleil, (*puissance, lumière et feu*), et dans l'âme, (*force, pensée et amour*), car l'âme et le soleil se ressemblent, parce qu'ils ressemblent à Dieu. Elle emplit la philosophie et la physique sous les noms que je viens de souligner ou leurs analogues. Elle est dans la musique et l'accord parfait, dans l'espace et sa triple dimension, dans la géométrie et le triangle, dans la famille et la grammaire qui ont trois personnes. Elle est dans les éléments de la phrase. L'Univers tout entier n'est qu'un immense reflet, triple et un, le reflet de la Substance, de la Forme et de la Vie éternelles. — Voilà un premier échantillon de l'universel Catholicisme.

Prenez un autre dogme : la transsubstantiation par exemple. S'il est catholique, il doit être universel. Il l'est en effet. La transubtantiation est une des grandes lois de la nature.

L'humus s'épanouit en verts bourgeons, en fraîches corolles roses, et le papillon vient boire dans le calice entr'ouvert le suc du fumier changé en nectar. Ce qui appartenait à la chimie a passé dans le domaine supérieur de la physiologie végétale.

Voici le mouton qui paît dans la prairie silencieuse, tondant le gazon ras : que devient cette pâture? Elle évolue d'une vie à l'autre, elle monte d'un degré encore, et se fait chair. A son tour l'homme dévorera cette chair de bête, qui va couler liquéfiée dans ses artères, s'imprégner de la nature humaine, s'élever à la pensée dans son cerveau, à l'émotion dans son cœur. Ascension magnifique de la matière à ce sommet où l'esprit la transfigure ! Mais l'ascension va-t-elle s'arrêter là ?

La science s'arrête, mais la religion s'élance, et la transubstantiation dogmatique, comme la vie de la grâce, n'est pas autre chose que le couronnement religieux de cette loi scientifique, dont la fameuse évolution de Darwin n'est que la contrefaçon grossière et la grimace simienne.

Lisez le beau livre de Mgr Landriot sur l'Eucharistie : vous y verrez que la Foi n'est que la Science à l'état sublime, et que la matière peut s'élever à Dieu même !

La communion, autre mystère, corollaire du précédent, n'est, elle aussi, que la conclusion céleste d'un phénomène universel. Pour vivre, en tout ordre de choses, ne faut-il pas communier?

On peut dire, avec un philosophe, que « le Dogme catholique tout entier n'est autre chose que la Raison à une expression supérieure, comme la morale catholique n'est que la morale naturelle élevée au-dessus d'elle-même et devenant la morale sainte, la sainteté. On peut dire que le surnaturel tout entier est à la nature ce qu'est, dans la nature même, le règne végétal au règne minéral, le règne humain au règne animal : une transposition glorieuse de l'au-dessous ».

Tout monte à l'homme, dit la science; l'homme monte à Dieu, dit la religion, — et l'Homme-Dieu est le Résumé universel.

III

Mais ce n'est pas seulement le monde, c'est le Mal lui-même qui va faire jaillir son harmonie supérieure avec le bien infini.

Qu'on me permette de terminer ce chapitre par une sublime page d'Hello sur l'harmonie la plus profonde qui soit, et que rêvait peut-être jusque dans l'absurde la philosophie d'Hégel : l'harmonie des contradictoires, réalisée dans la Croix :

« Examinons rapidement la synthèse universelle.

« Quelle est la forme absolue de l'opposition morale?

« C'est l'être infiniment parfait maudit de Dieu.

« C'est le juste portant le fardeau du péché humain dans sa totalité.

« Quelle est la forme absolue de l'opposition métaphysique?

« C'est la vie éternelle subissant la mort.

« *Exanimavit Semetipsum*. La vie humaine était déjà pour lui un anéantissement. Or il s'anéantit jusqu'à la mort humaine.

« Quelle est la forme absolue de l'opposition géométrique?

« C'est la rencontre de deux parallèles.

« Un jour, par ordre du proconsul romain, un arbre fut abattu dans une forêt. C'était un sycomore. Les ouvriers galiléens reçurent l'ordre de le tailler. Ils ne le taillèrent pas sans peine. Il leur fallait réaliser le plan géométrique aperçu par Dieu dans le Verbe, qui allait être cloué sur ce morceau de bois. Sur ce bois, en effet, fut cloué le Verbe fait chair. Le corps fut dressé verticalement : ligne de vie; les bras furent étendus horizontalement : ligne de mort. Ainsi se résuma le sacrifice, qui contient la vie et la mort réconciliées.

« Toutes choses s'embrassèrent dans un baiser immense. Car le bois du sycomore fut croisé. Ses lignes, parallèles tant que l'arbre avait vécu, tant que les racines avaient été en terre, se coupèrent à angles égaux. L'arbre prit la forme d'une croix et fut transporté sur la montagne.

« La vie et la mort se traversèrent, et, se coupant à angles droits, chantèrent une musique infinie, qui entraîna dans le même accord l'essence éternelle et les choses créées, Dieu, l'homme et la nature. Dieu le Père, revenu de sa fuite infinie, ne se repentant plus d'avoir fait l'homme, atteignit et embrassa la création sur cet épouvantable sommet. Il trouva encore une fois son œuvre bonne.

« Or, voici un postulatum de mathématiques transcendantes.

« Les parallèles se rencontrent dans l'infini.

« *Omnia in ipso constant*. Je le dis avec une sorte de terreur : la vie et la mort se tiennent debout ensemble (*cum stant, constant*), sur la terre et sous les cieux » (1).

Hello ajoute : « Le panthéisme n'a pas de croix. Sa ligne, c'est la ligne horizontale. La terre s'étend aux regards, isolée et désolée. L'in-

---

(1) Hello, *Philosophie et Athéisme*.

fini est absent. Les créatures sont ensemble, mais elles ne se tiennent pas debout, et aucun Dieu ne les redresse. Du mot chrétien, du grand mot si simple et si complet, *constant*, peut-être le panthéisme peut-il prononcer la **première** syllabe, *Cum* « avec »; *Stant* lui est refusé.

« La croix janséniste, qui représente Jésus-Christ les mains levées, viole l'angle droit, ferme les bras du crucifié et l'isole de la nature. La croix janséniste est debout (Stat). Mais elle est seule, le *Cum* lui est interdit.

« Le panthéisme n'a pas de tête; le jansénisme n'a pas de bras. L'un embrasse sans s'élever; l'autre s'élève sans embrasser. Dans la croix catholique, *Omnia Constant*. La vie soulève la mort et l'entraîne avec elle aux cieux dans sa course triomphante. Tout s'embrasse, tout s'élève, tout se distingue, tout s'unit ».

Tout est consommé.

CHAPITRE IX

LES RELIGIONS MODERNES

I

Nous n'avons guère, en ce volume, traité que des religions proprement dites, confessionnelles et positives. Mais ces grandes catégories religieuses n'embrassent pas tous les hommes, et une partie du monde moderne (précisément par largeur d'esprit, incomplète encore et mal comprise) *adore ailleurs.*

Et je ne parle point ici des petites religions de Paris, spirituellement décrites par M. Jules Bois. Les Swedenborgiens, les Théosophes, le culte de la Lumière, Vintras, Boullan et le Satanisme, les Lucifériens, l'Essénianisme, le Gnosticisme, le culte d'Isis, ne sont au fond que variantes, arabesques, enluminures marginales des grands cultes fondamentaux dont nous avons esquissé les lignes principales et synthétisé les croyances. Il est clair que la Satanisme n'est qu'un fragment de Christianisme à rebours, que Lucifer et Adonaï rappellent le dualisme persan, et la Théosophie le Bouddhisme. Mais la plupart des hommes d'aujourd'hui vivent en dehors de tout culte, dans ce qu'ils croient être la libre-pensée absolue, laquelle n'est au fond qu'une forme de religion moderne.

Toute époque, comme toute âme, a sa croyance. C'est ce que démontre très bien, dans la belle pièce *Nos deux Consciences*, le libre-penseur Bordier à son ami le curé Pioux, lequel se plaint de la disparition de la foi :

« Erreur!... jamais l'humanté n'a cru plus fortement qu'aujourd'hui. Les païens autrefois traitaient déjà les chrétiens de gens sans croyances.. et les croyances de la Révolution ne sont pas les vôtres : voilà tout. Tu enseignes une foi : eux en pratiquent une autre : vous ne pouvez donc pas vous comprendre. »

Et le même Bordier déclare à un ami politique : « Ma première motion à la Chambre sera pour demander qu'on se décide enfin à enseigner la Révolution comme un système de croyances capable de fournir une réponse à tous les problèmes de la conscience ».

Nous sommes donc tous croyants.

On sait d'ailleurs que le chef du positivisme français, et par conséquent le grand pontife de la libre-pensée moderne, Auguste Comte, est le fondateur d'une religion, — fait significatif s'il en fut. Imitateur involontaire mais grossier du dogme chrétien, il supposait une trinité formée de ces trois termes : l'Espace, honoré sous le nom de *Grand Milieu;* la Terre, divinisée à titre de *Grand Fétiche;* enfin le *Grand Etre* (c'est-à-dire l'Humanité), résumant en lui toutes les générations. Le plus renommé de ses disciples n'a retenu de la triple déité imaginée par son maître que le dernier élément. Il avait compris qu'adresser à l'Espace un hommage religieux c'était diviniser le vide ou les planètes; que rendre un culte à la Terre c'était rétrograder jusqu'au fétichisme, c'est-à-dire au plus bas degré de l'échelle religieuse. Tout au plus convenait-il d'accorder les honneurs divins à l'Humanité, du moment qu'elle n'admettait rien au-dessus d'elle qui les méritât mieux. Toute l'école fut de cet avis.

Les femmes, dit Auguste Comte, sont les prêtresses spontanées de l'Humanité, à qui l'on rendra trois cultes :

Le culte privé d'abord, qui exige trois prières quotidiennes : au lever, à l'approche du sommeil, au milieu de la journée. Dans son Testament, Comte nous a laissé les siennes. La prière du matin durait pour lui de 5 h. 1/2 à 6 h. 1/2, avec « commémoration » et « effusion », tantôt debout, tantôt agenouillé devant l'autel. L'autel, c'était la chaise rouge où s'assit Clotilde de Vaux dans ses visites au philosophe. Son image évoquée lui apparaissait alors l'image même de l'Humanité. D'ordinaire la chaise se voilait d'une housse verte, enlevée seulement aux plus importantes cérémonies, et l'amant pontifical ne s'y asseyait que lorsqu'il faisait fonction de sacerdote.

Le culte domestique embrasse neuf sacrements :
1° *la présentation*, sorte de baptême, où l'enfant est offert à la Déesse; 2° *l'initiation*, où l'enfant passe des bras de sa mère à l'école des prêtres; 3° *l'admission*, par quoi l'adepte de vingt et un ans s'engage à servir l'Humanité; 4° *la destination*, qui vers vingt-huit ans consacre la fonction sociale; 5° *le mariage;* 6° *la maturité* : l'homme de quarante-deux ans apprend l'inflexible responsabilité qui commence pour lui; 7° *la retraite*, donnée à soixante-trois ans, qui marque pour le vieillard le libre choix du successeur; 8° *la transformation*, aux approches de la mort : le sacerdoce mêle les regrets de la société aux larmes de la famille; 9° *l'incorporation au Grand-Etre* qui préside, sept ans après les funérailles, au pompeux transfert des restes sanctifiés des justes dans le Bois sacré qui entoure le temple de l'Humanité.

Ce temple de l'Humanité, où doit s'accomplir le culte public, c'est un temple à la Mort, plus réelle que la Vie, digne d'être réalisé par des spirites : cimetière, école, vicariat, amphithéâtre, bibliothèque, sanctuaire, — une sorte de cité intellectuelle et de nécropole. Notons, pour abréger, que les chapelles latérales sont consacrées aux treize grands types du calendrier positiviste, sauf la dernière, la plus rapprochée du chœur, affectée à Héloïse, sainte entre les saintes femmes. La statue féminine de l'Humanité, — rappelant sans doute Clotilde de Vaux, — domine l'aire terminale.

Malheureusement la religion nouvelle, organisée par avance avec un grand luxe de prescriptions et de grades hiérarchiques, n'a pas pu se constituer. L'idole s'était évanouie avant que le temple ne fût ouvert. Son âme survit cependant dans la *religion laïque* préconisée aujourd'hui par la libre pensée; dans ces fêtes de la *Jeunesse*, de la *Bienfaisance*, renouvelées des mythes humanitaires de la Révolution; dans la statuomanie et le culte des grands hommes; dans la religion anthropologique d'Ernest Renan, dont le Christ de la *Vie de Jésus* est l'un des dieux parce qu'il est l'homme idéal; dans le *Surhomme* de Nietzche où Zarathoustra s'adore lui-même en ses extases religieuses d'athée.

Une autre forme de religion moderne est le culte de la Nature, divinisée par la majuscule et dont la Fête de l'Arbre, récemment célébrée à Alger et dans plusieurs villes, est un symbole. C'est, par excellence, la religion des poètes (conjointement avec la religion du cœur et celle de la beauté). Mais les savants aussi et les philosophes s'agenouillent en esprit devant cette déesse, à laquelle ils confèrent, de fort bonne foi, les attributs de l'infini et de l'éternité. « Oui, c'est toi seule que nous adorons, ô divine et éternelle Nature, s'écrie M. Flammarion dans les *Terres du Ciel*, et ta parole sacrée est l'unique révélation.. »

Cette sorte de fétichisme, plus large que celui d'Auguste Comte lorsqu'il déclarait la terre (notre petite terre) *grand fétiche*, est une de nos religions intellectuelles les plus en faveur. M. Flammarion, parlant de l'espace, écrit : l'*Infini*, avec une majuscule, et n'invoquons-nous pas tous les jours « la Nature » pour l'explication de toutes choses? Elle est le dogme fondamental de notre orthodoxie scientifique. Dans le système de l'Evolution, qui est la doctrine officielle, la Nature est toute puissante, puisqu'elle produit tout par ses propres forces et qu'elle est la seule créatrice de l'univers. Elle est donc véritablement adorable, — (à moins qu'on lui préfère l'humanité, qui est d'ailleurs son incarnation suprême).

On peut dire que ces deux cultes intellectuels, la Nature et l'Humanité, sont les deux grandes religions de l'esprit moderne, les deux grandes idoles de notre Temple.

Le Moyen-Age disait : Ces deux moitiés de Dieu, le Pape et l'Empereur. Ne dirions-nous pas : « Ces deux moitiés de Dieu, l'Humanité et la Nature. »

Double tronc qui d'ailleurs se ramifie en une foule de religions diverses, ayant, chacune, un très grand nombre d'adeptes, car les dieux ne sont pas morts et le polythéisme est plus que jamais vivant.

Je ne parle point de Gœthe qui, dit-on, s'agenouillait devant la statue de Jupiter, ou de Louis

Ménard sacrifiant des colombes à Aphrodite, ou de M. L. P., sénateur et écrivain, rendant hommage dans ses appartements à son génie protecteur, une idole d'Athènê, — non plus que de ces jeunes Parisiens qui portent sur leurs vêtements blancs une peau de panthère pour rendre aux nymphes invisibles habitant le lac du Bois de Boulogne le culte qui leur était dû à Eleusis. Sous cette forme antique et matérielle, la résurrection du paganisme est peu probable, car la tendance formaliste n'est point dans l'esprit moderne. Mais l'émiettement païen de l'idée de Dieu, dont j'ai parlé en un chapitre, se reproduit sous d'autres formes, plus humaines, plus naturelles, non moins idolâtriques cependant, bien que d'une idolâtrie d'esprit pur.

Quiconque n'adore pas le Grand Un, Dieu, divinise quelque chose, ne fût-ce que son *moi*, comme Fichte et Schelling qui y ramènent le monde, ou Nietzsche s'écriant : « Etant donné que Dieu n'est pas, quel est pour moi le sens de la vie? c'est d'être moi-même un Dieu. »

Et ce moi, atome de l'humanité, (qui elle-même n'est qu'un fragment de la nature) étant trop large encore, trop vaste pour la plupart des hommes, chacun s'y taille son idole personnelle, et divinise ou son *bien-être* (c'était la religion d'Epicure), ou sa *vertu* (c'était celle de Zénon), ou sa *force* (religion de Bismark et de Nietzsche), ou son *honneur* (religion des duellistes, qui a un cérémonial officiel), ou son *amour* (« Je m'agenouillai devant elle dans l'attitude et le sentiment de l'adoration »), ou enfin et simplement (religion plus pratique) son *estomac* : « Il n'y a de réel sur la terre que moi et les aliments qui me nourrissent », écrit le penseur allemand Max Stirner, qui ajoute : « Le moi est tout mon catéchisme; je fais ce que je veux et ce qui me plaît ». Cette dernière religion ne saurait se plaindre de la diminution de ses croyants.

Dans une sphère plus haute, beaucoup d'artistes divinisent l'*Art* et ne professent d'autre religion, d'autre morale même, que celle de la *beauté*, personnifiée, chez les Anciens, dans le culte de Vénus. Plusieurs même s'enferment, comme en une chapelle étroite, dans l'idolâtrie exclusive de la *Forme*, de la Forme vide et creuse comme une idole de bois ou d'or.

En politique, cette abstraction « l'Etat » n'est-elle pas, pour certains adorateurs, un véritable fétiche, un Moloch qui peut, à son gré, dévorer l'indépendance, la fortune et les droits des citoyens. Cette forme idéale de gouvernement qui est synonyme de liberté, la République, ne risque-t-elle pas de devenir aujourd'hui, comme le Roy jadis, ou le César antique, une *divinité* despotique et absolue, une de ces « idoles de caverne ou de théâtre » dont parle Bacon, un de ces grands *mots-fétiches* devant qui tout tombe, même les têtes.

Quand le Français a une idée, il s'en fait une idole. On adorait la Raison, déesse et prostituée, en 93, et M. Victor Charbonnel en est aujourd'hui le grand pontife. Beaucoup de Français, très « conservateurs », *adorent* la Patrie, — ou le Tabac, ou la Bourse, ou le Cheval, ou la Femme. La déesse verte, l'Absinthe, a plus de martyrs que Jésus-Christ.

D'autres ont le culte du Cléricalisme, sans religion vraie et sincère, ou bien le culte, la religion épidémique aujourd'hui, de l'Anticléricalisme, de l'Antisémitisme, la hantise du moine ou du juif, le jésuitisme rouge, l'obsession de la calotte, la superstition du fer, etc. La Franc-Maçonnerie n'est-elle pas une religion véritable, la contre-Eglise Catholique, avec ses temples, ses cérémonies, ses serments, ses sacrements, — véritable « gouvernement des curés » d'une société qui se croit laïque.

Nos savants ont le culte de la Matière, qu'ils dotent des attributs divins, car les savants divinisent aussi, comme les artistes. Tel d'entre eux traite l'âme et Dieu d'âneries d'école primaire, mais il se prosterne devant le système nerveux central, qu'il doue de toutes les puissances. Les temples de Bacchus et d'Aphrodite pullulent dans nos modernes cités, n'ayant perdu que leur architecture. Nos philosophes s'agenouillent dans le temple de leur propre esprit érigé en dieu, et les femmes offrent à la Mode, déesse à la liturgie compliquée, des hommages minutieusement idolâtriques.

L'idolâtrie est la grande hérésie humaine, antique et moderne, et nos sociétés sont pleines d'idolâtres comme les forêts d'Afrique. On n'adore plus le Soleil sans doute... — pourtant une feuille pédagogique, l'*Ecole nouvelle*, dirigée par un haut fonctionnaire de l'Enseignement, directeur de l'Ecole Normale des Instituteurs de la Seine, nous parlait récemment de laïciser la fête de Noël, en fêtant la Noël humaine, c'est-à-dire « la naissance de l'astre *divin*, père de la lumière, de la chaleur et de la vie ». Suit le texte d'une prière au Soleil.

Le culte du Soleil ne serait-il pas d'ailleurs plus noble que celui du Veau d'or, dont les adorateurs n'ont jamais été plus nombreux, ni les sacrifices plus effroyables.

II

Est-ce à dire que toutes ces religions soient fausses, et qu'il faille mépriser l'or, ou le soleil, ou l'humanité, ou la nature, ou la raison, ou la femme, ou l'état, ou la patrie? ou même les beaux arts et le bon vin? Nullement. Toutes ces religions sont vraies et bonnes, — toutes, — mais à la condition de se pondérer et de s'unir, de se grouper en quelque sorte, chacune à sa place et à son rang, dans l'harmonie d'une religion supérieure qui les domine et les contienne. Quand le Christ a dit : Rendez à César ce qui est à César, il ne niait pas les droits de l'Etat. Ne faut-il point dire de même : Rendez au soleil ce qui est au soleil, à la raison ce qui est à la raison, à l'art ce qui est à l'art, à la femme ce qui est à la femme. Mais l'esprit large et conciliateur n'oublie point que ce sont là simples chapelles de la Grande Eglise céleste, simples dévotions latérales des basses nefs du Temple surnaturel et divin. Hello dit quelque part : « Le sens de la nature est charmant dans saint François de Sales, et charmant pour cette raison même que la nature est pour lui, ce qu'elle est en effet, un moyen et non un but. Elle n'est jamais, comme il arrive aux faux poètes, la beauté même vers laquelle vont ses chants. L'amour de saint François la trouve sur sa route; il la trouve sans la chercher, tout simplement parce qu'elle est là; et, sans jamais s'arrêter à elle, il la traverse et l'emporte sur ses ailes vers le ciel où il va.

« Ainsi vue, à la clarté d'en haut, la création prend un goût exquis qu'elle n'a jamais chez les hommes qui l'aiment pour elle-même, et la fêtent au lieu de fêter Dieu. La création est une barrière quand elle n'est pas un marchepied. »

J'appliquerais volontiers ces lignes à chacun des objets que nos passions divinisent, et où notre âme s'abaisse au lieu de monter par eux. Il est remarquable d'ailleurs que cette sorte de prostitution religieuse n'avilit pas seulement l'adorateur, mais le dieu lui-même. La femme est *plus belle* quand elle n'est pas « la beauté même vers laquelle vont nos chants », mais le symbole d'une beauté supérieure, et s'idéalise ainsi dans une lumière plus haute qu'elle et plus divine. L'or est plus beau et plus enviable, lorsqu'on ne le possède pas pour lui-même, mais pour un but supérieur à lui, pour la famille et la société, pour le pauvre, pour le bien, pour Dieu. Toute chose aspire à monter, et c'est là sa gloire, comme c'est la gloire de l'homme lui-même de ne se fixer, de ne s'emprisonner dans aucune d'elles, pas même en lui, ni en sa raison pure, ni en sa volonté propre, mais de monter plus haut, plus haut même que le culte de la nature et de l'humanité, jusqu'au surnaturel et au divin. Voilà pourquoi un penseur a dit : « L'homme n'a toute sa grandeur qu'à genoux. » Mais j'ajoute : Si l'homme n'a toute sa grandeur qu'à genoux devant Dieu, il n'a toute sa petitesse qu'à genoux devant une créature, — fût-ce le *Monde !*

La vraie religion est en somme l'état d'âme supérieur et transcendant, et toute forme de l'exclusivisme, qu'on l'appelle passion, hérésie, idolâtrie, système, est un arrêt de développement de l'âme, une myopie de l'œil intérieur, un raccornissement du sens divin. Le regard religieux, qui est celui de l'esprit large, embrasse sans doute toutes ces formes inférieures, et, loin de les mépriser, les élève et les transfigure. Nous l'avons vu pour les religions proprement dites, contenues et transfigurées dans le catholicisme universel. Oui, supérieurement entendus, le bouddhisme, le fatalisme, le dualisme, le panthéisme, le protestantisme, le judaïsme, le polythéisme, sont fragments de la vérité totale, et il en est de même de ces croyances plus modernes qu'on nomme le rationalisme, le spiritisme, le fidéisme, l'individualisme, le socialisme, et de ces grands mots super bes, la liberté, le progrès, la démocratie, le cosmopolitisme, l'internationale, la fraternité universelle. Toutes ces choses sont grandes, bonnes, vraies, mais leur réalisation n'est possible, leur éclosion n'est sans péril que sous un ciel très large et très bleu, sous la caresse apaisante d'un idéal sublime et très pur, que, jusqu'ici, elles paraissent s'être acharnées à combattre, à ridiculiser, à conspuer de leurs haines les plus vivaces, les plus ardentes.

Peut-être est-ce mieux ainsi, et sans doute est-il préférable que la grande doctrine de conciliation universelle (si souvent défigurée d'ailleurs par ceux-là même qui la défendent sans le savoir, et parfois avec quelles maladresses!) ne vienne pas tout d'abord gêner, par la pondération savante de son équilibre trop vaste, la croissance spéciale d'une idée exclusive et envahissante sans doute, mais par là même plus forte et vivace. Il est bon peut-être que dans le grand chantier universel, chaque pièce soit élaborée à part, avec une fièvre de travail jaloux et absorbé, et en dehors de toute préoccupation d'ensemble et d'altruisme. Les sciences modernes par exemple, ou la liberté en 89, ou l'esprit de foi au Moyen-Age, ou l'esprit de libre examen au XVIe siècle, ou la raison au XVIIIe, ou l'art romantique, etc., se seraient-ils développés avec cette puissance, et auraient-ils triomphé *assez*, s'ils n'avaient tout d'abord triomphé *trop* et écrasé leurs adversaires ? Le progrès ne peut se faire à la fois sur tous les rivages de l'esprit humain. Il procède par flux et reflux et ne submerge un bord qu'en desséchant l'autre. Et l'art ira de Racine à Hugo, de Hugo à Zola, de Zola à Verlaine, tour à tour classique, romantique, réaliste, symboliste. De même la religion s'opposera d'abord à la science, la science à la religion et à la métaphysique, la métaphysique à son tour, séparée de la poésie, de la religion, de la science, se hérissera d'épines et de broussailles protectrices où Hégel pourra naître et Spinosa s'épanouir. Tout procède par oppositions, contradictions, thèse et antithèse. Mais faites deux pas dans votre chambre et observez la loi de votre démarche. N'est-ce point un balancement, une double chute, une rupture incessante d'équilibre aussitôt compensée et rétablie par la rupture opposée?

Ainsi dans l'esprit humain s'équilibrent les écarts successifs. Schopenhauer noie l'individu dans l'espèce, et ramène la morale à la pitié. La réplique ne se fait pas attendre : Nietzsche se lève, individualiste farouche, ramenant tout à la force, à l'énergie personnelle. Qui a raison? leur synthèse. La vérité est toujours l'union de deux erreurs se mariant l'une à l'autre, comme la vertu est peut-être la délicate pondération des tendances qui aboutiraient à tous les vices.

Or, examinez de près le Catholicisme, vous constaterez qu'il est la doctrine de la pondération universelle. En lui le déisme et l'humanisme, le culte de l'idéal humanisé et de l'humanité divinisée, en lui l'humilité et la grandeur, l'égalité et la hiérarchie, l'austérité et l'amour, la virginité et le mariage, le mysticisme et le travail, le sacrifice et l'intérêt personnel, la souffrance et le bonheur, la guerre et la paix, la pitié et l'énergie, le pessimisme et l'optimisme, l'enfer et le ciel se contrepèsent, et rien n'est exclu, ni la foi (Luther), ni les œuvres (la morale indépendante); ni la grâce de Dieu (sans laquelle l'homme ne peut rien dans le monde supérieur déclaré avec raison par le positivisme « l'inaccessible et l'inconnaissable (1) », ni la liberté de l'homme, sans laquelle

---

(1) A-t-on remarqué que le positivisme établit, par ce principe, la nécessité d'une religion surnaturelle, d'une révélation divine ?

Quand l'explication viendra-t-elle du ciel ?

V. Hugo.

la grâce divine est impuissante. Toute synthèse est orthodoxe. Et pourtant, selon le proverbe, toute vérité n'est pas bonne à dire. Savez-vous pourquoi il y en a de pernicieuses? C'est qu'elles ne sont pas offertes à l'esprit avec celles qui pourraient leur servir de contrepoison. Aussi n'est-il sage de dire une vérité aux hommes que lorsqu'on peut leur en dire deux. Le pessimisme n'est bon qu'avec le contrepoids de l'optimisme. Le socialisme moderne a pour base la grande idée de solidarité humaine, qui est le fond des doctrines chrétiennes de la chute et de la rédemption. Mais cette idée, le socialisme l'isole, et la fausse en l'isolant de son contraire : le droit de l'individu et de la liberté personnelle, dont le Christ a le souci constant. Le socialisme n'est qu'une part de la vérité sociale chrétienne : il a besoin d'être complété par les théories libérales de l'initiative et de l'indépendance. Emile Zola est essentiellement chrétien par l'impression lugubre que donnent ses œuvres de la dégradation humaine, du fatalisme atavique, et de la vraisemblance du péché originel; mais il a besoin d'être complété par son antipode, Tolstoï, l'auteur de *Résurrection*, l'apôtre de l'idée non moins chrétienne (mais chez lui trop exclusive) de rédemption et de bonté.

Ainsi la vérité fait resplendir une à une, dans les erreurs, dans les exagérations multiples et opposées, dans les grossissements contradictoires des hérésies et des systèmes, les mille faces et facettes de son intégrale et immense unité, large comme ce Dieu dont l'image, trop grande pour nos regards, se brise et s'émiette dans les êtres et les contradictions de ce monde.

En d'autres termes, l'erreur, l'idolâtrie, la passion, le système, en s'emprisonnant dans un détail isolé, en n'adorant qu'une facette des choses, posent devant l'intelligence une petite unité plus facilement visible. La vérité est trop vaste, trop complexe, c'est un continent trop immense; chacun s'y taille sa petite patrie, son petit clocher et son petit Dieu. Eh! qui sait? il est bon peut-être qu'il y ait des hérésies et qu'elles demeurent. Notre prétention hélas! n'est pas de les détruire mais de montrer ce qu'elles sont : des rayons, décomposés, de la lumière unique et totale. Ce que nous voulons concilier, ce sont les idées. Quant aux hommes, — outre que c'est plus difficile, — il y a des yeux qui voient mieux peut-être dans la lumière partielle, dans la lumière voilée par le nuage. Il y a des yeux malades qui ont besoin de l'obscurité de la chambre, il y a peut-être des peuples condamnés à cette hygiène. Car dans les religions plus faciles, la bonne foi et la bonne volonté sont à une moindre épreuve. Mais cela n'empêche pas l'astre divin de luire, entier, au-dessus de nous. Le nuage n'empêche pas le soleil, — et le soleil n'empêche pas le nuage.

III

En somme, et ces concessions faites, quelle doit être la vraie religion, la vraie Doctrine? N'est-ce point celle qui, renfermant toutes les autres dans sa pondératrice et délicate unité, s'harmonise le mieux avec la philosophie la plus haute, avec le cœur et tous ses besoins, avec la conscience et toutes ses délicatesses, favorise le plus le bien, combat le plus fortement le mal, respecte le mieux la liberté et la solidarité tout à la fois, donne la plus grande idée de l'homme, donne la plus profonde idée de Dieu, s'attire le plus d'amour et de haine.

N'est-ce point le catholicisme !

Religion la plus simple de toutes, puisqu'elle ramène tout le décalogue, tout le credo, tous les commandements, toute la métaphysique à ce mot : Amour de Dieu.

Religion la plus savante, puisque ses trois grands dogmes se trouvent être les trois grandes idées centrales de la philosophie et de la raison humaine : 1° la Trinité, (type de l'union, de la société, de la famille, de la synthèse, du mariage universel de deux termes dans un troisième qui est leur conciliation et leur unité.)

2° l'Incarnation (ou le corps et l'âme en toutes choses, l'essentielle dualité du mécanique et du psychique, dont la combinaison indissoluble et universelle est, au dire de M. Fouillée, « le résultat auquel aboutit la philosophie contemporaine ».

3° la Rédemption (ou la chute, la solidarité, la réversibilité, qui éclairent tout dans le monde humain).

Et ces trois grands dogmes, ces trois grandes lumières, sont le même amour, sont l'Amour de Dieu, dont les mères parlent aux petits enfants, et que symbolise dans le monde intellectuel la recherche ardente de l'unité par les phliosophes, et dans le monde physique la grande loi d'attraction au centre, qui fait couler les fleuves, peser les corps, graviter les mondes !

Nous sommes là au cœur des choses, au point où la Science et la Foi, la Mécanique et la Morale, le Dogme et la Physique, ne sont plus qu'un, ou du moins sont les degrés, les zones diverses de la seule et même Montagne dont l'Evangile est, sur la terre, le blanc sommet radieux. Sur ce sommet règne une lumière immense : mais tout livre est une page de ce Livre; tout science, toute religion, est un évangile inférieur, comme la famille et la grammaire sont des reflets de la Trinité, comme le relèvement d'une femme dans le drame de Tolstoï est l'écho de la Résurrection du Christ et de la Rédemption du genre humain.

« Ce qui est en bas est comme ce qui est en haut », dit l'occultisme en sa devise profonde. Car l'occultisme est vrai, le spiritisme est vrai, et je crois que seul le catholicisme en a la clef ténébreuse. La nature est baignée de surnaturel, et la science travaille sous le ciel du Mystère. Ou, si vous préférez, il n'y a ni Mystère ni surnaturel; il n'y a que la Nature, mais la Nature est infiniment plus vaste, plus haute, plus sublime que ne se l'imaginent les naturalistes de la matière. La religion aussi est un *fait* : c'est le fait transcendant de l'âme et de l'histoire. Le miracle aussi est un fait, et un fait de la nature, mais d'une nature supérieure à la nature matérielle et à nos petites forces humaines, ce qui certes n'a rien de miraculeux. Sans parler des milliards d'êtres et de puissances spirituelles s'échelonnant au-dessus de l'homme, il y a dans la simple notion de *Dieu* plus de surnaturel que ne peuvent en contenir tous les miracles de toutes les religions; or Dieu c'est l'être à *l'état de nature*, et nous vivons, nous sommes et nous nous mouvons en lui.

Mais le mal a cette triste gloire de pouvoir mettre entre la volonté humaine et la volonté divine un abîme infranchissable : et l'Eglise (quant à son âme, du moins) n'est pas autre chose que « la grande société de toutes les âmes justes sauvées dans tous les temps comme dans tous les mondes, par l'application des mérites du Sauveur, qui est mort pour tous. »

On comprend dès lors la maxime : « Hors de l'Eglise point de salut », qui devient celle de la largeur d'esprit même. L'Eglise est aussi vaste que l'univers et que la bonne volonté. Sans doute la vérité est précise, minutieuse même, comme une œuvre d'art, comme un problème d'algèbre, et l'ampleur n'exclut pas la formule. Elle n'exclut même pas la multiplicité des petites dévotions particulières, et la religion des bonnes femmes a ses droits comme celle de l'honnête homme. Mais la Vérité est avant tout l'Eglise de l'esprit large, puisqu'elle est essentiellement synthèse et plénitude. En Elle tous les mondes de la pensée, comme tous ceux du firmament, ont leur équilibre et leur pondération grandiose, bien au-dessus de la petitesse de nos politiques misérables et de nos discussions puériles.

Venir à elle n'est point s'emprisonner dans un cléricalisme étroit, comme voudraient le faire croire ses adversaires et comme pourraient le faire croire quelques-uns de ses fidèles.

C'est gagner le large, la haute mer, selon le mot du Christ au batelier : *Duc in altum*. Se convertir à elle n'est point quitter sa religion d'enfance, mais la compléter; n'est point abdiquer la philosophie et la libre pensée virile pour un dogmatisme obscur, enfantin ou intransigeant, mais sortir d'une croyance bornée et incomplète, insuffisamment éclairée, pour entrer dans la région supérieure de la pensée intégrale, du grand vol de l'âme vers la haute liberté et la totale lumière. Il est vrai que cette Eglise de l'esprit large, défigurée et méconnue, a contre elle, outre les apparences, toutes les forces conjurées de la calomnie et des préjugés vulgaires, surtout la calomnie du langage et du mot, la plus terrible de toutes. Elle a contre elle l'étroitesse cérébrale ou sectaire de ses défenseurs eux-mêmes, et la routine des siècles, et les malentendus politiques, puis les partis-pris des savants, l'hostilité entretenue du peuple, les fanatismes de toute secte et les passions de toute chair. Elle a contre elle tous les systèmes partiels, toutes les philosophies séparées, toutes les religions particulières, tous les brillants paradoxes, toutes les ruptures d'équilibre de l'esprit et du cœur, et le relief spécieux que donne à toute idée exclusive son isolement même et son exagération.

La fusion de toutes les teintes, qui est la blanche Vérité, resplendit moins que chacune d'elles, ou plutôt crie moins fort à l'œil, ce qui n'est pas la même chose. Mais c'est la douce et profonde symphonie, qui parle à l'âme le langage de toutes ses facultés à la fois, comme ces miraculeux apôtres de l'Esprit qui parlaient aux foules toutes les langues. Et c'est parce qu'elle dit tout, qu'elle parle à l'âme tout entière et peut parler à toutes les âmes. C'est parce qu'elle unit tous les idéals, qu'elle pourrait unir tous les peuples. C'est parce qu'elle est l'harmonie divine, qu'elle pourrait être l'harmonie universelle.

CHAPITRE X

L'IDÉE UNIVERSELLE

I

Si, d'un mot, il fallait définir le grand XIX⁰ siècle qui est mort, après avoir remué plus d'idées qu'il n'en faudrait pour construire un monde, heurté les unes contre les autres plus de vagues qu'il n'en faut pour un océan, peut-être ne saurions-nous résumer la situation totale et l'impression qui s'en dégage, par un terme plus juste que celui-ci : confusion universelle.

Ce n'est pas un monde, c'est un chaos, où flotte cependant ce divin souffle, l'espérance.

Aux heures primitives, alors que l'harmonie actuelle de la terre et des cieux sommeillait encore au sein de la nébuleuse fouettée par tous les vents de l'espace, — les colères des éléments en lutte les uns contre les autres, leurs contradictions furieuses figuraient par une image assez fidèle le chaos d'un siècle où tout semble finir, — où tout commence peut-être !

Car le chaos est un commencement.

C'est le prélude obligé de l'harmonie.

Et certes s'il est un rapport entre ces deux choses, chaos et harmonie, si celle-ci se prépare d'autant plus belle, plus immense, plus éclatante et plus radieuse, que celui-là fut plus complet, plus hideux, plus profond, plus radical, quelles doivent être les dimensions de notre espérance, mesurées à l'ampleur de nos désastres et de nos ruines apparentes !

La confusion est partout. Elle est dans les idées, les hommes, les sentiments, les croyances. Tout se heurte, tout se contredit, le mot *Foi* s'oppose au mot *Science*, au mot *Lumière*. Il s'opère dans l'opinion publique entre le catholicisme d'une part et l'esprit moderne de l'autre, une scission qui va se creusant de tous les abîmes que la méfiance mutuelle des deux partis en présence ne manque pas d'interjeter comme pour mieux s'affirmer soi-même en s'opposant à l'adversaire.

D'ailleurs ces deux partis ne sont pas les seuls. Entre le catholicisme envisagé dans son intransigeance la plus fermée, dans son orthodoxie la plus farouche, et la libre-pensée radicale et absolue, que de degrés, que d'intermédiaires! Que de *catégories* dans l'ordre intellectuel! Dans cet univers, que de mondes! Que de philosophies, que de religions diverses! que d'opinions, que de systèmes! Quelle tentation, pour le scepticisme railleur de Voltaire ou le libéralisme blasé de Renan!

Au Moyen-Age, l'esprit de foi suffisait à maintenir l'unité. Le divin souffle, le souffle du Christ venait de passer sur ce monde, et qu'il s'agît de dogme ou d'amour, des idées ou des croisades, l'Europe n'avait qu'un cœur et qu'une âme. Les hérésies ne tardèrent pas à rompre le faisceau des vérités. Opposé à l'esprit de foi, l'esprit de libre examen qui, après des siècles d'essais, éclata dans le protestantisme, vint semer dans le monde la graine de division intellectuelle et poser le principe de cet émiettement individualiste et moderne qui s'appelle la liberté de pensée et de conscience. La science vers le même temps naissait et s'émancipait de l'orthodoxie religieuse. L'histoire de la philosophie déroulait la série ondoyante de ses systèmes divers, et les contradictions des philosophes jetaient Pascal dans la foi désespérée qui dès lors *s'opposa* à la raison, comme elle *s'opposait* à la science (1). Elle allait bientôt *s'opposer* à la religion même dans un bon nombre d'esprits, et aux autres religions dont l'étude comparée commençait à naître.

Tout ce mouvement d'idées en lutte les unes contre les autres, de catégories intellectuelles de plus en plus subdivisées, de sciences ennemies des philosophies, de philosophies hostiles aux religions, de religions en guerre avec le catholicisme, devenu ainsi un simple canton — l'un des

---

(1) Comme elle *s'oppose* aujourd'hui à la démocratie et à la république.

plus étroits — de l'esprit humain, — tout ce mouvement d'idées d'où sortit le voltairianisme d'abord, puis le libéralisme, devait aboutir où nous en sommes, à l'indifférence absolue, à la mort de l'âme qui, ne sachant plus, dans l'amas des systèmes, dans la poussière des doctrines, où est la vérité, renonce à la vie, pour ne plus étudier qu'en dilettante ou en curieuse, la multiplicité des faits, le va-et-vient des phénomènes.

Le fond de l'esprit moderne est peut-être cet inconscient besoin de largeur et de plénitude intellectuelle, qui, ne pouvant se rassasier ou croyant ne pouvoir se rassasier d'aucune foi positive, d'aucun système partiel, renonce aux religions et aux philosophies pour ne pas s'emprisonner dans leur trop étroite enceinte, et plane, impartial, au-dessus des faits, dont il appelle en vain la synthèse.

Etant donné cet état d'esprit, quelle en sera l'issue, et quel en est le remède?

II

L'issue, le remède, je les entrevois dans une doctrine assez large pour tout embrasser, pour tout concilier dans son ampleur.

Pas plus que les peuples, les siècles ne sont incurables, mais il y a pour chaque situation un mot qui est le mot de la situation et la formule du salut.

Or, notre siècle, je le répète, est épris de largeur intellectuelle, bien qu'il ne la pratique et surtout ne la comprenne pas toujours. Ce grand mot de *Libéralisme*, celui de tous qui résume le mieux l'esprit moderne, en fait foi.

Qu'est-ce que le Libéralisme ?

Tout simplement la contrefaçon de la largeur d'esprit véritable.

L'esprit libéral, dont les principes de 89, la tolérance théorique, l'indifférence pratique ne sont que des applications, le faux esprit libéral a triomphé au XIX° siècle dans toutes les nations du globe et toutes les sphères de l'esprit humain. C'est lui qui tue le catholicisme. Eh bien c'est lui précisément qui pourrait amener son triomphe, le jour où le catholicisme apparaîtrait sous la face nouvelle dont je parlais tout à l'heure.

Catholique veut dire *universel*.

Tout le problème est dans cette traduction.

Avez-vous remarqué la place que tient le mot Universel dans le langage moderne ? Depuis la morale indépendante, qui n'est autre chose, dans la pensée de ses partisans, qu'un essai de morale universelle au-dessus des dogmes locaux et contradictoires, jusqu'à ces beaux rêves de langue universelle, d'heure universelle, de république universelle, de cosmopolisme, d'internationalisme, d'humanitarisme, les indices abondent de cette aspiration vague à l'universalité. Ce grand système de l'évolution, qui remplit la mentalité contemporaine, à quel prestige doit-il son succès, si ce n'est à l'apparente universalité de sa gigantesque synthèse, qui, allant de l'atome à l'astre, de l'infusoire à l'homme, de la chimie à la pensée, entraînant tout dans un même élan, satisfait, extérieurement du moins, ce besoin d'unité et de grandeur dont notre raison porte en elle-même l'aspiration et l'exigence.

Et si tant d'intelligences ouvertes et distinguées, tant de nobles cœurs n'ont pas de religion positive et se condamnent à flotter toute une vie dans l'indécision doctrinale, n'est-ce pas, très souvent, qu'ils croiraient en se fixant limiter leur horizon, s'emprisonner en quelque chose d'étroit, de partiel, d'exclusif, et renoncer à tout le reste? Car enfin, se disent-ils inconsciemment à eux-mêmes, le catholicisme est sans doute une religion belle et bonne, mais c'est *une* religion : c'est une grande idée, mais c'est *une* idée. Il est tant d'*autres* doctrines! Le catholicisme n'est pas le protestantisme, n'est pas l'idéalisme. Adhérer à l'un, c'est rejeter l'autre, c'est faire acte antilibéral. Arrière les partis et les systèmes! La vérité est large et je suis un esprit large; je ne m'emprisonnerai pas, même en un palais. — Voilà ce qui est au fond de leurs pensées.

Et de quelque côté que nous creusions l'esprit moderne, nous y trouvons ces tendances libérales, synthétiques, *universelles*. Je les résume en un mot : largeur d'esprit.

Nous touchons, je le crois, à une époque solennelle dans l'histoire de l'esprit humain : celle du grand triomphe intellectuel de la vérité, prédit par les prophètes du siècle.

L'histoire va me fournir un terme de comparaison pour m'expliquer.

Historiquement en effet la vérité religieuse a commencé par être, en quelque sorte, une *spécialité* et comme la propriété nationale d'un petit peuple exclusif et jaloux; puis elle a brisé son écorce et s'est répandue sur les cinq parties du monde; de *spéciale*, elle est devenue *universelle*. Voilà la marche *matérielle* du catholicisme; voilà le premier pas du progrès religieux.

Mais en même temps les *idées* se dressaient en foule contre l'idée catholique : hérésies, philosophies, sciences. L'idée catholique semble avoir contre elle aujourd'hui toutes les forces intellectuelles conjurées, alliées dans une confuse synthèse, comme aux jours où l'Empire romain se dressait, colosse, contre l'Eglise naissante. Que va-t-il se passer?

Que s'est-il passé? L'Empire romain est devenu le saint Empire catholique.

Qui sait si dans l'ordre des idées il ne faut pas s'attendre au même miracle : le moment terrible est le moment grandiose, et l'unité ne pourrait-elle se faire dans les domaines de l'intelligence?

Au profit de qui? De l'idée universelle.

Quand on étudie les hérésies, on les reconnaît à cette marque : la mutilation de l'idée, qui est chrétienne. L'erreur est une diminution. Quand on scrute les religions de l'Inde, de l'Arabie, de la Perse, et tout ce qu'on oppose aujourd'hui dans les musées et les revues à la religion du Christ, on y trouve les fragments mutilés de ses vérités et de ses dogmes. Quand on rapproche les uns des autres les systèmes philosophiques opposés, matérialisme, idéalisme, athéisme, panthéisme, etc... on voit se reconstituer la philosophie catholique et universelle, totale et orthodoxe.

Qu'y a-t-il donc au fond des hérésies, au fond des erreurs religieuses ou philosophiques?

Rien autre chose que la vérité, — la vérité blessée et meurtrie, mais la vérité; rien autre chose que l'Idée, l'Idée mutilée; et ce que l'Eglise anathématise en elles, c'est seulement, c'est uniquement la mutilation et la meurtrissure. Ce qu'elle anathématise, c'est le néant (1).

Tout le contenu réel et positif des systèmes, des philosophies et des doctrines, toute pensée, tout acte d'esprit, est catholique, est forcément catholique. Et si nous passons de l'intellectuel au moral, nous pouvons ajouter que tout sentiment, tout acte du cœur, est légitime, comme toute idée est orthodoxe. Oui, tout acte est bon, car le mal n'agit pas, le mal ne fait pas, il défait. Le mal est dans le monde moral ce qu'est l'erreur dans le monde

(1) Voir mon volume *L'Eglise et la Pensée* (Vitte), 1908.

intellectuel : une force négative, une diminution d'être et de vie, une mutilation, une meurtrissure du Bien. Il n'est pas autre chose, et ce que la religion condamne en lui, ce n'est pas ce qu'il renferme de vie et d'être; ce qu'elle anathématise ce n'est pas l'élan, ce n'est pas le cœur, ce n'est pas la beauté et l'amour, c'est la meurtrissure de ces choses.

Elle ne veut pas du culte de la raison avilie en prostituée; mais la raison humaine est sur ses autels, divinisée dans le Christ, et elle adore la raison Dieu. Elle ne veut pas du culte de l'amour abaissé et animalisé, mais l'amour infini est sur ses autels, brûlant dans un cœur de chair, et elle adore le Cœur d'un Dieu. Elle ne veut pas du culte de la beauté déshonorée et flétrie, mais elle a donné à la Vierge, à celle qui est toute belle et sans tache, un trône au-dessus des séraphins. Elle a divinisé la raison, elle a divinisé l'amour, elle a glorifié la femme, Vierge et Mère. Rien de ce qui est humain ne lui est étranger, ni la naissance, ni le mariage, ni la mort, ni l'éducation, ni l'enseignement, ni même le manger et le boire. Elle consacre le pain et le vin, et dit aux hommes : Soyez des Dieux !

Il y a là tout un panthéisme sublime. La religion, bien loin d'exiger l'amoindrissement de l'homme, le rétrécissement de l'esprit et du cœur, la diminution de la lumière, de l'amour et de la félicité, même terrestres, rêve d'agrandir l'homme au contraire, d'exalter toutes ses puissances jusqu'au ciel et à la divinisation.

On a trop représenté l'orthodoxie comme un frein et la vertu comme un empêchement à la vie. Sans doute le catholicisme est une religion sévère, mais sévère contre qui? contre l'erreur, contre le mal; sévère précisément contre ces amoindrissements, contre ces diminutions de la pensée et du cœur, contre les obstacles à la grande lumière et à la grande joie humaine et divine. Sans doute le catholicisme est une religion de combat, mais quels sont ses ennemis? Les vices et les négations, rien de plus. Il *ne doit pas* en avoir d'autres. La grande Lumière n'a contre elle que les ténèbres extérieures.

III

« *L'Eglise catholique*, pour parler grec, dit l'auteur de l'*Homme*, est une des institutions les plus inconnues qu'il y ait au monde... Son nom déplaît à bien des gens. Peut-être que, si on leur parlait de l'*Assemblée universelle*, ils éprouveraient une curiosité sympathique, un sentiment d'unité et de grandeur. »

C'est qu'alors on aurait traduit le mot, et la chose apparaîtrait.

Les hommes de ce siècle sentent vaguement que la vérité doit être l'*Assemblée universelle*, qu'elle doit tout contenir. Or je me permets de poser cette simple question : Est-ce un effet du hasard qu'il y ait précisément une doctrine, une institution en ce monde, qui s'appelle (en grec, il est vrai) l'assemblée universelle?

Pour moi, fils du XXe siècle, je suis très frappé de ce fait, de ce simple fait grammatical, mais profond (car la grammaire, c'est souvent la philosophie). Observez ceci :

Tout ce qui n'est pas le catholicisme total *porte un nom partiel*, comme si le mot voulait indiquer l'étroitesse de la chose. Le *libéralisme* ne voit que la liberté, le *socialisme* ne voit que la société, l'état; le *rationalisme* ne croit qu'à la raison, le *modernisme* a l'esprit moderne. Qu'est-ce que le *sensualisme?* Le mot indique : la foi exclusive aux sens. Qu'est-ce que *l'idéalisme?* la foi exclusive à l'idée.

Tout se heurte, comme des fragments de monde impuissants à se rejoindre. Sous nos yeux et en même temps, le matérialisme affirme : Tout est matière. Le spiritisme : Les esprits sont les maîtres du monde. Pendant que l'athéisme dit : Dieu n'est pas, le Luciférianisme adore Lucifer, Dieu bon.

En histoire, les uns expliquent tout par l'influence des milieux, les autres tout par la liberté humaine. En morale, sous des noms nouveaux, le stoïcisme ramène tout au devoir, l'épicurisme tout au plaisir, l'utilitarisme tout à l'intérêt. En politique, tandis que les « avancés » ne voient que le progrès (et par là même l'entendent mal), les « conservateurs » s'attardent aux vieux régimes.

En littérature, l'imagination romantique exclut trop souvent le bon sens classique, qui l'exclut à son tour. Le poète ne voit que la poésie (1), comme l'enfant son jouet, et M. Flammarion l'astronomie. Ecoutez-le : « L'astronomie est tout, en dehors d'elle il n'y a rien, à côté d'elle il y a... l'erreur. » Si l'esprit étroit pouvait parler, il prendrait là sa formule. Chacun vit dans sa spécialité; l'un dans sa cornue; l'autre dans son ciel étoilé! Et presque toujours l'irréligion sort de cette étroitesse; car l'irréligion est une myopie de l'œil, un défaut d'horizon. De là, l'immense débordement d'incrédulité actuel, depuis que la science s'est enfouie dans la matière. La science ainsi entendue est une vue étroite des choses, et parce qu'elle est étroite et par ce qu'elle a d'étroit (non par le reste) elle est anticatholique.

Le catholicisme : voilà le mot de l'esprit large, le grand mot universel, le seul mot universel de la langue. Tout autre mot révèle un coin d'horizon, puis c'est la borne : tout autre mot est un *terme*. Celui-là seul est le mot sans limites, le mot total, le mot divin. Ceci est une leçon de grammaire.

Tout autre mot exprime un détail isolé qui ne saurait enfermer l'idée divine. Et plus l'on va s'isolant dans le détail, plus l'on s'enfonce dans

(1) Ne pourrait-on pas expliquer par là toutes les opinions de Victor Hugo, en politique, en religion, en littérature. De même l'antispiritualisme ordinaire des chimistes et des médecins s'explique par le matérialisme de leur profession.

l'athéisme et le néant. Disséqué jusqu'à l'atome, le monde s'évanouit en poussière, comme un brouillard. Pourtant le monde matériel n'est qu'un composé d'atomes, mais d'atomes en *relation* et qu'il faut voir dans leur ensemble harmonieux. Il en est de même des idées : la vérité est l'ensemble de toutes les relations, l'harmonie de toutes les sphères de la pensée, comme eût dit Pythagore.

Carlyle a raison : « Le cœur de la nature est musique. »

Mais le concert est vaste et il faudrait des volumes pour en noter les accords, comme il faudra des siècles peut-être pour faire en lui l'accord des intelligences. Ce livre n'est qu'un point de vue très spécial de l'unique et universelle Idée. La religion, la relation suprême des choses, n'y est envisagée que sous sa face en quelque sorte technique et confessionnelle, comme synthèse (ou échantillon de synthèse) des religions proprement dites. Restent la Science, l'Art, la famille, la société, la morale, la politique, l'amour, la liberté, le progrès, toute la lutte moderne, tous les horizons humains de l'intelligence et du cœur, toutes les lois de la matière et de l'esprit, tous les grands phénomènes universels, à synthétiser en des œuvres de conciliation de plus en plus vaste, de plus en plus profonde, et pourtant de plus en plus claire, de plus en plus brève. Car la vraie philosophie est lumière, comme le soleil, et se condense en un point qui doit être la splendeur même, l'éblouissante unité de tout. Déjà le Christ commence à nous apparaître comme le pur trait d'union de l'Homme, qui lui-même est le résumé du monde, à Dieu, qui est la synthèse de l'idéal.

Les deux bras étendus entre terre et ciel, (d'une extrémité des choses à l'autre), de l'Homme-Dieu sur la croix, font vraiment le geste divin, le geste infini, le signe de la conciliation et de l'embrassement universel, — et « la maigre image de ce supplicié tiraillé par quatre clous » comme l'appelle Renan, est pour l'âme, pour l'esprit large et profond, le chef-d'œuvre de l'esthétique éternelle, et La Religion même.

FIN

TABLE DES MATIÈRES

	Pages
Préface	5

Livre I. — L'Homme.................... 13

Chap. I.	L'Homme charnel..........	13
Chap. II.	L'homme spirituel.........	19
Chap. III.	Synthèse des deux systèmes sur l'homme.............	25
Chap. IV.	Intimité de l'ange et de la bête	31
Chap. V.	Double et un. — Encore les petits systèmes	35
Chap. VI.	L'incarnation humaine......	41
Chap. VII.	L'immortalité de l'homme..	47
Chap. VIII.	La métempsycose..........	51
Chap. IX.	Temple et prière...........	57

Livre II. — Dieu...................... 61

Chap. I.	La multiplicité des religions.	63
Chap. II.	L'unité des religions.......	67
Chap. III.	L'émiettement de l'idée de Dieu	73
Chap. IV.	L'idée de Dieu............	83

Chap. V.	L'existence de Dieu........	87
Chap. VI.	Dieu et le monde. Les religions panthéistes.........	95
Chap. VII.	Dieu et la liberté. Les religions fatalistes..........	101
Chap. VIII.	Dieu et le mal. Les religions dualistes	105

Livre III. — **L'Homme-Dieu**.............. 113

Chap. I.	Idolâtrie et raison pure....	113
Chap. II.	Ebauches de l'idée religieuse	121
Chap. III.	Les messies...............	125
Chap. IV.	Le Christ................	135
Chap. V.	Le Bouddha et Mahomet..	145
Chap. VI.	Moïse et Luther...........	161
Chap. VII.	Catholicisme	177
Chap. VIII.	Philosophie	199
Chap. IX.	Les religions modernes.....	209
Chap. X.	L'idée universelle.........	231

Bibliothèque de Critique Religieuse
à 1 fr. 25 et 2 fr. 50

---

1. H. LORIAUX
L'Autorité des Evangiles
Questions fondamentales in-12 de 154 pages.
En réimpression

L'ouvrage de M. H. Loriaux étudie la valeur historique des quatre évangiles. Il n'existe rien d'aussi serré que cette rigoureuse brochure sur la vie de Jésus et la certitude des récits évangéliques. C'est en 150 pages une critique solide et sereine des fondements essentiels du christianisme. Ce livre ne saurait passer inaperçu, il a provoqué des polémiques, il est vivant, robuste et fort.

2. P. SAINTYVES
Le Miracle et la critique historique
In-12 de 154 pages. Epuisé

Le miracle et la critique historique de M. P. Saintyves intéresse tous les historiens qui s'occupent d'histoire ancienne, d'histoire du moyen âge et surtout d'histoire religieuse. On n'a rien écrit de plus solide et de plus impartial sur la façon dont la critique doit considérer et interpréter le miracle. Nombre d'exemples empruntés aux miracles de la Bible témoignent de l'indépendance et de la franchise de l'auteur.

3. A. DUPIN
Le Dogme de la Trinité dans les premiers siècles
In-12 de 88 pages, 1 fr. 25

Le Dogme de la Trinité dans les trois premiers siècles est l'œuvre d'un maître, M. A. Dupin. Pour la première fois, l'auteur met en lumière le rôle de la formule baptismale dans la formation du dogme chrétien. D'une façon vivante, j'allais dire pittoresque, il nous la montre opérant une sélection à travers les triades des premiers pères et l'on s'étonne de suivre avec un aussi vif intérêt l'histoire de cette évolution dogmatique.

Bibliothèque de Critique Religieuse
à **1 fr. 25** et **2 fr. 50**

---

4. E. MICHAUD
Les Enseignements essentiels du Christ
In-12 de 120 pages, **1 fr. 25**

Le Dr Michaud, professeur à l'Université de Berne, a résumé dans ce livre les résultats de la critique modérée. Il l'a fait avec compétence, avec piété et de façon à intéresser toutes les âmes religieuses dans toutes les confessions.

5. P. SAINTYVES
Le Miracle et la critique scientifique
In-12 de V-105 pages, **1 fr. 25**

Critique sûre et forte de toutes les positions qui veulent faire témoigner la science en faveur du miracle.
Pour l'auteur tout fait merveilleux est ou sera explicable. Par ses conditions morales, qui seules ne relèvent pas de la science, il peut témoigner en faveur des religions.

6. Abbé Jean de BONNEFOY
Vers l'Unité de croyance
In-12 de III-121 pages **1 fr. 25**

C'est un livre délicat sur un sujet difficile ; il résout en partie une des difficultés de croire dont parle Brunetière, celle qui s'appuie sur l'égale intensité des aspirations religieuses à travers les formes cultuelles.

Bibliothèque de Critique Religieuse
à 1 fr. 25 et 2 fr. 50

7-8 Le Programme des Modernistes

Réplique à l'Encyclique de Pie X
2ᵉ Édition revue et corrigée
In-12 broché, papier vergé de XVI-178 pages. **2 fr. 50**

Ce travail est dû à la collaboration des modernistes italiens les plus autorisés. — De ton modéré, d'une clarté parfaite, ils s'efforcent de préciser le point de départ du modernisme qui repose sur la critique des faits et non pas sur des théories métaphysiques plus ou moins aventurées.

9-10. Léon CHAINE
Menus Propos d'un Catholique libéral

1 beau vol. in-12 br., pap. vergé, de 224 p. **2 fr. 50**

L'auteur de *Les Catholiques français et leurs difficultés actuelles* est trop connu du public pour qu'on ait besoin de le lui présenter.
Cet ouvrage nouveau fait comme la suite naturelle du précité. L'auteur y aborde tous les sujets qui préoccupent aujourd'hui les catholiques On en jugera par la table des chapitres: *De quelques Réformes de Pie X. — De l'Action des laïques dans l'Eglise. — De l'Ignorance religieuse de certains catholiques. — Nouveautés nécessaires — Des Evêques et des Cardinaux. — Du Syllabus de Pie X et de l'Encyclique : Pascendi*, etc., etc.

11-12. Abbé Jean de BONNEFOY
LE CATHOLICISME DE DEMAIN

1 beau vol. in-12 br., pap. vergé, de 210 p. **2 fr. 50**

Ch. Iᵉʳ. Mes amis les Catholiques progressistes. — Ch. II. Les Catholiques d'étiquette. — Ch. III Les semis de Basile. — Ch. IV. Les Charbonniers — Ch. V. La faillite du Catholicisme libéral. — Ch. VI. Quo vadis ?— Ch. VII. L'Encyclique *Pascendi gregis* avant la lettre.— Ch. VIII. L'Encyclique *Pascendi gregis* et la France.

Bibliothèque de Critique Religieuse
à 1 fr. 25 et 2 fr. 50

---

13. Louis-Germain LÉVY
Docteur ès lettres
Rabin de l'Union libérale israélite

Une Religion rationnelle et laïque
(La Religion au XX° siècle)

1 beau volume in-12 broché de 113 pages.   **1 fr. 25**

La Religion devant la Science. — Le Judaïsme devant les affirmations de la conscience moderne. — Conclusion. — Essai de déduction méthodique des principes fondamentaux du Judaïsme.

14. CATHOLICI
Lendemains d'Encyclique

1 beau vol. in-12 br., pap. vergé, de 126 p.   **1 fr. 25**

A la question nettement posée : Quelles seront les conséquences intellectuelles et spirituelles de l'Encyclique Pascendi, on a répondu avec une sincérité et une franchise dont les audaces mêmes sont profondément émouvantes. Nul ne pourra lire ce livre sans se sentir troublé, nul aussi ne pourra le faire sans se sentir meilleur. — Sa sincérité contagieuse est une incomparable sollicitation à l'effort vers la vérité.

15-16. A.-L.-M. NICOLAS
Premier interprète de la délégation de France en Perse

Seyyed Ali Mohammed
dit
Le Bâb

1 fort volume in-12 de 458 pages..........   **2 fr. 50**

Le Babisme, qui date seulement du milieu du siècle dernier est en train de conquérir tout l'Orient musulman.

Né en pleine histoire, il a son Messie, Le Bâb, ses prophètes et ses prophétesses comparables aux plus puissants, ses martyrs dont la foule enthousiaste arrachait à Renan des cris d'admiration.

Bibliothèque de Critique Religieuse
à 1 fr. 25 et 2 fr. 50

17-18. H. BOIS
Professeur à la Faculté de théologie protestante de Montauban

La Valeur de l'expérience Religieuse

1 beau vol. in-12 br. pap. vergé, de 200 p. **2 fr. 50**

Cette étude remarquable comble une lacune. Elle pose nettement hardiment la question essentielle à toute religion L'expérience religieuse correspond-elle à une réalité objective et divine ? — La réponse est celle d'un croyant mais qui n'ignore rien de toutes les enquêtes modernes des psychologues et des critiques. — Il mérite une place d'honneur à côté de MM. Boutroux et W. James.

19. Marcel HEBERT

LE PRAGMATISME

*Etude de ses diverses formes
anglo-américaines, françaises et italiennes
et de sa valeur religieuse*

1 vol. in-12 broché, de 107 pages **1 fr. 25**

Ch. Ier. Le pragmatisme de M. Pierce — Les pragmatismes italiens. — Ch. II. Le pragmatisme de W. James. — Ch. III. L'humanisme de M. Schiller ; La philosophie de MM. Le Roy et Poincarré. — Ch. IV. Les Précurseurs du pragmatisme ; MM Blondel et Bergson. — Ch. V. Les diverses formes du pragmatisme religieux : Moralisme (Sécrétan) ; Fidéisme (Ritsch et Ménegoz) ; Symbolisme (Loisy, Le Roy, La Berthonnière, Tyrell) ; Le Pragmatisme de MM. Schiller et W. James.

20-21. J. FRANÇAIS

L'Église et la Science

Précis historique

1 volume in-12 broché de 200 pages **2 fr. 50**

Le titre exact de ce livre eût été l'Église *contre* la science. Ce n'est point cependant une œuvre de polémique ; mais d'histoire.

L'abbé Français reprend à nouveaux frais avec une documentation plus franchement scientifique l'œuvre des Fernèse, des Drapers, des Dupont White et les dépasse.

Bibliothèque de Critique Religieuse
à 1 fr. 25 et 2 fr. 50

---

22. **P. LE BRETON**
La Résurrection du Christ
1 vol. in-12 de XXXVI-305 pages

Etude de pure critique historique. Cet ouvrage marquera une date dans l'œuvre de haute vulgarisation scientifique du XXe siècle. — P. Le Breton est un esprit net et hardi dont la pensée forte et limpide entraîne et convainc tout esprit vraiment libre et sincère.

EN PRÉPARATION :

Charles GUIGNEBERT
Professeur d'Histoire du Christianisme à la Sorbonne
La Primauté de Pierre

Etienne GIRAN
JÉSUS DE NAZARETH
Notes critiques

George TYRRELL
Lettre à un Professeur d'Anthropologie
(A. Much abused letter)

P. SAINTYVES
Le Miracle
devant la philosophie et la théologie

Poitiers. — Imp. M. Bousrez.

DESACIDIFIE

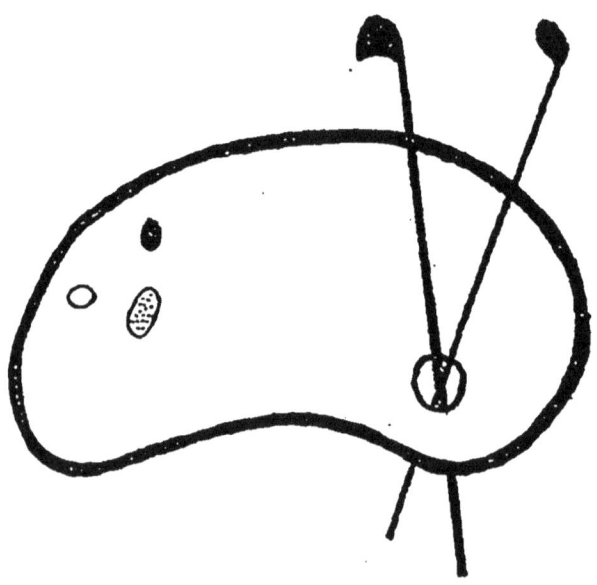

ORIGINAL EN COULEUR
NF Z 43-120-8

www.ingramcontent.com/pod-product-compliance
Lightning Source LLC
Chambersburg PA
CBHW070642170426
43200CB00010B/2097